新版

子連れ離婚を考えたときに読む本

慰謝料、親権、
養育費、手続き……
気になることが
すべてわかる

新川てるえ

日本実業出版社

はじめに

◎子連れ離婚の経験から生まれた本

本著の旧版が発刊された12年前（２００６年）は、私自身がまだ子育て真っ最中のシングルマザーでした。現在は2人の子どもたちは成人し、独立しています。たくさんの苦労はありましたが、振り返るとあっという間に時が過ぎていた気がします。

本著を企画したときには離婚が増え、書店にたくさんの離婚実用本が並んでいました。しかし、子どものことを真っ先に考え、子連れ離婚だからこそ必要なノウハウを収録した本がありませんでした。そこで生まれたのが、この本でした。

私はカウンセラーとして、これまでに多くの離婚相談にお応えしていますが、離婚紛争中の親は自分のことで精一杯で、子どものことを考えなくてはいけないと思ってはいても、実際には冷静に考えることができない人が多いと感じています。

言い争いを子どもに見せてしまったり、親権や養育費、面会交流の取り決めなどでもめたり……。それは子どもにとって精神的な負担になっています。

私も三度の離婚をしていますが、これまでに我が子の気持ちに配慮できたのは唯一、娘が「苗字が変わるのが嫌だ！」と言い出したときに希望を聞いてあげたことくらいでした。娘は今では2人の子どもの親になっています。彼女にとって親の離婚は辛い思い出で、今では私を反面教師にして幸せな家庭を築いています。

◎忘れていませんか？　離婚の被害者は誰よりも子どもです

親の離婚に直面した子どもは、自分の意思ではどうすることもできない無力感を感じ、さらには両親の不仲を自分のせいにして自分を責めてしまうこともあります。

だからこそ親は、離婚前後に子どもが直面するであろう問題を知り、何よりも優先して離婚後の子どもの暮らしがよくなるように配慮をしなければならないと思います。

私自身がうまくやれずに後悔しているからこそ、これから子連れ離婚をする人たちに必要な情報をお届けしたいと思いました。

本著は私の経験はもちろんのこと、先輩ひとり親１００人の声を集めてまとめました。

初版から重版を重ねてロングセラーになっています。改訂版では全体を丁寧に見直し、アンケートも新たに集め、最新の情報にしてグレードアップしました。たくさんのアドバイスを参考にしながら、お子さんと一緒に、明るく楽しいひとり親生活を送れるように頑張ってください。心から応援しています。

２０１８年８月

新川てるえ

もくじ＊新版　子連れ離婚を考えたときに読む本

第2章 子連れ離婚の種類と手続き

先輩ひとり親に聞け！　離婚するときの注意点／68

第3章

子連れ離婚で一番大事な子どものこと

第4章

子連れ離婚とお金の問題

第5章

子連れ離婚を支える支援制度

第6章

子連れ離婚で後悔しない新生活の迎え方

巻末資料

編集協力／大塚玲子
本文イラスト／坂木浩子
本文DTP／ダーツ

第1章

子連れ離婚の前に考えておきたいこと

今、あなたに必要な相談相手は誰でしょう？ 相談先を間違えて無駄な労力を使ったり、傷ついたりしないために……。

1-1

悩み始めたらどこの誰に相談する？

＊あなたに必要な相談窓口

ひとり親へのアンケート調査で「離婚を誰に相談しましたか？」という質問に対し、「誰にも相談しない」と答えた人が多かったことに納得しました。私も離婚は自分で決意して親にすら事後報告だったので、離婚は最終的には自分で決めることだと思っています。

とはいえ決意するまでには様々な思いに揺れ、時間がかかる人もたくさんいます。「離婚するしかないのかな？」とか「しょうがないから」という気持ちでは絶対に幸せになれません。「離婚しないと私は幸せになれない」という気持ちになれるまでは、悩むのは当たり前です。迷っているときには一人で抱え込まないで誰かに相談しましょう。

相談相手は状況によって違います。間違えた相手に相談したばかりに傷つけられたり、嫌な思いをしないように、今あなたに必要な相談相手が誰なのかを考えてみましょう。また、相談は一か所で完結するものではありません。それに、順番を間違えて相談に行くと無駄な相談料や時間を使って後悔することになりかねません。

左ページのチェック表を参考に優先順位を決めて、何をどこの誰に相談したらスムーズに事を運ぶことができるのかを考えてみましょう。

■離婚に関する相談先確認チェック表

あなたに今必要なこと	相談先
□ 無料で離婚の法律相談をしたい	法テラス 家庭裁判所の家事相談 行政の無料法律相談
□ とにかくたくさんの離婚情報を知りたい	女性センター インターネット
□ 家庭内暴力の相談をしたい	配偶者暴力相談支援センター
□ ひとり親家庭支援について知りたい	行政窓口 インターネット
□ 離婚後の就労情報を知りたい	女性センター 行政窓口 ハローワーク
□ 離婚に関する届や協議書などの作成をしてほしい	弁護士 司法書士 公証人
□ 本当に離婚していいものか悩んでいる	心理カウンセラー 離婚カウンセラー
□ 色々な人の考え方を知りたい	友人、知人、家族 インターネット
□ 子どものことについて相談したい	学校の先生 スクールカウンセラー 児童相談所 警察の少年相談窓口

どこに何を相談したらいいのか？　相談先の優先順位を考えてみましょう。その他の相談先としてNPO法人が得意分野で相談を受けているところもあります。女性センターやインターネットなどで探してみてください。

1-2 相談窓口

＊男女共同参画センターで相談する

「男女共同参画センター」は、都道府県、市町村等が設置している施設です。男女が互いに人権を尊重し、共に平等に社会参画し、生き生きと安心して暮らしていくための学習、活動、交流の場として利用できます。

相談窓口では離婚に関する様々な情報や法律相談を無料で受けることができます。ただし、混んでいるので必ず事前に予約が必要です。また「配偶者暴力相談支援センター」に指定されている施設では、家庭内暴力専門の相談員を配置しているので、DV（家庭内暴力）に理解のない対応に傷つけられる危険性も少ないと思います。

どのセンターにも情報図書室や資料室があり、離婚を含む女性問題に関する書籍や資料が一般の図書館よりも多いので、相談まではまだ必要ないけれど情報を集めたいという方も利用されることをお奨めします。労働相談の窓口では、女性の自立支援のための情報や求人の探し方など具体的に就労に関するアドバイスをしてもらうことも可能です。

＊弁護士に相談する

弁護士の資格をもっていれば誰でもいいというわけではありません。弁護士にも離婚問題が得意な人と不得意な人がいます。「夜中までクライアントから相談電話がかかってきて、愚痴や法律外の相談をされて、たいしてお金にならなかったし、離婚はやりたくない」と言う弁護士にもお会いしたことがあります。

確かに離婚相談は整理されていないと愚痴を聞く羽目になってしまい、弁護士にとっては割の合わない仕事になることもあります。離婚問題に力を入れている女性弁護士もたくさんいて、うまく出会えると愚痴や悩みまで受け止めてもらえますが、多くはそうではないことを認識してください。法律相談はカウンセリングとは違うので、法律に関して聞きたいことがまとまってから活用されることをお奨めします。

またＤＶ離婚の場合にはなおさら、理解のある弁護士を選ばないと「あなたにも悪いところがあったんじゃないの？」というようなことを言われ、二次被害にあう危険性がありますのでご注意ください。

紹介などの口コミで相談できれば一番いいかと思いますが、情報がない場合には最寄りの弁護士会に連絡して離婚を専門とする法律相談がないか聞いてみるとよいでしょう。

弁護士の費用などについては、１４４ページを参照してください。

＊心理カウンセリングを受ける

迷ったら心の整理のためにもお奨めしたいのが心理カウンセリングです。日本は欧米諸国と違い、気軽にカウンセリングを受けるという文化が定着していないため、力のあるカウンセラーが少ないのが現状の問題点です。

心理学の専門家というだけでは離婚のカウンセリングは難しく、できれば離婚相談の実績や知識をもった離婚カウンセラーを選ぶことが大切です。

カウンセリングには様々な手法がありますが、基本的にはその人がもっている力を前向きに向上させ、自分で考える力を養い、答えにたどり着くためのサポートをします。

カウンセリングを受けようと思ったら、いくつか体験してみて自分に合っていると思ったものを選ぶことをお奨めします。手法も料金も、実施している機関も様々です。

自分の問題はもちろんのこと、離婚による子どものストレスや不登校の問題に関しても専門としているカウンセラーがいます。学校にはスクールカウンセラーがいますし、児童相談所にも児童心理学を学んだカウンセラーがいるはずです。それぞれの得意分野を見極めながら、数か所から一番自分に合ったカウンセラーを選んでください。どこに相談すべきか迷うときには、離婚専門の民間のＮＰＯなどに相談して、悩みを整理することからやってみましょう。１７９ページを参照してください。

＊友人、知人、家族に相談する

ひとり親へのアンケート調査で「離婚を誰に相談しましたか？」という質問に対して一

番多かった回答が「友人、知人、家族」でした。一番身近にいて自分のことをわかってくれる相手だと思っているので相談しやすいのでしょう。

私も5年間の夫婦生活のすれ違いや、新たに好きな人ができて離婚を考えていることを、高校時代からの女友達に打ち明けたことがあります。「あなたが決めたことだったら大丈夫。応援しているよ」という返事を期待していたのですが、「信じられない！　それって不倫じゃん！　子どもがかわいそうだよ」という彼女の厳しいひと言に傷つき、それから私は彼女を避けるようになり、いつの間にか疎遠《そえん》になりました。

当時は冷静になれずに、「友達なのになぜ、信じて応援してくれないのだろう？」とただ悔しいばかりでしたが、今考えると、「結婚したらどんなに大変でも頑張るべき。ましてや子どもがいるのであれば、自分のことは二の次で子どものことを優先すべき」というのが彼女の価値観だったのだと思います。

カウンセラーでもない素人に相談をもちかければ、必ずその人の価値観で意見が返ってきます。それが自分の求めていた答えと違っているからといって、落ち込む必要もなければ相手を恨む必要もないと思います。でも、気がつかずに私のような経験をしている人が多いようです。

身近な人に相談するときには、反対意見もあるということを覚悟した上で、参考にしようという心がけで相談するといいのではないでしょうか？

1-3 相談シートを用意する

＊相談前に聞きたいことを整理してみよう！

私はカウンセラーとして数々の離婚相談を受けています。メールでもご相談をいただくことがあるのですが、だらだらと書かれた文章で何を相談したいのかわからず、困ってしまうことがあります。対面カウンセリングでは、心を整理するお手伝いからします。「何を相談したいのかわからない」という状態で来ていただいてもいいのですが、メールはできるだけ長文にならずに必要な情報を届けていただきたいと思っています。

どんな相談でもそうですが、聞きたいこと・話したいことを整理していかないと、無駄に時間とお金を使うことになってしまいます。相談機関を訪れるときには手ぶらではなく、手書きでもいいので相談に必要な情報をまとめて行きましょう。

理解しづらいメール相談は大概、離婚に至る経緯などを文章で長々と書いてあることが多く、読むのも嫌になってしまいます。だらだらした文章よりも、ポイントをおさえて箇条書きで1枚のシートになっているもののほうが伝わりやすいし、上手に伝えることによっていいサポートを受けられると思います。

次ページに、必要な情報をまとめた相談シートのサンプルを掲載します。同じものである必要はありませんが、参考にしてみてください。

■離婚相談シートサンプル

自分のこと	相手のこと
名前：●●●● 生年月日：●年●月●日 職業：会社員 年収：約300万円 現住所：〒123-0000 東京都●●区 ●●5－2－13 連絡先電話：090－●●●●－●●●● （携帯） 健康状態：軽い鬱で2週間に1回心療 内科に通院中	名前：●●●● 生年月日：●年●月●日 職業：会社役員 年収：約800万円 現住所：〒123-0000 東京都●●区 ●●5－2－13 連絡先電話：03－●●●●－●●●● （自宅）

家族構成	私（32歳） 夫（35歳） 長男（4歳） 長女（2歳）
これまでの経過	長女妊娠中に浮気が発覚しました。一度は反省して別れるという約束をしたので、子どものためにも離婚はしたくないと思い頑張ってきました。 2か月くらい前に彼のパソコンのメールを偶然に見てしまい、そのときの女性とまだお付き合いしていることが発覚。 その後、携帯メールで彼女が妊娠していることを知りました。 夫に問い詰めると謝るどころかメールを勝手に見たことに激怒して私を責め、離婚してやると言い出しました。
私の考え	私も今度は許せないので、もらうものをきちんともらって離婚して、子どもと楽しく暮らしていきたいと思っています。 ・慰謝料は●円を希望します。 ・養育費は●円を希望します。 ・その他、財産分与として●●を希望します。
本日確認したいこと	慰謝料、養育費が妥当な金額か？ 離婚までの手続きについて 相手の女性から慰謝料をとることができるか？

1-4 離婚を相手や家族に伝えるとき

＊相手には事前に離婚の意志を一方的にならないように伝えよう！

離婚を決意して相手に伝えるとき、ドキドキする瞬間ですね。先輩ひとり親のアンケート調査では直接口頭で伝えたという方がほとんどでしたが、話をする前に手紙やメール、電話などで離婚の意思を伝えておいた人もいます。

相手から離婚をメールで一方的に切り出された人は「メールで伝えてくるなんて卑怯だと思いました」と回答をしています。

確かに手紙やメールだけで完結する問題ではないと思うので、最終的には話し合いは必要でしょう。でも事前に口頭以外の方法で伝えることによって、心構えができて冷静に話し合えることもあります。

手紙やメールは、難しいかもしれませんが、一方的にならずに相手の気持ちに配慮して書きましょう。「なぜ先に文章で伝えたかったのか」ということに触れて伝えられるといいと思います。

私も離婚のときには夫に手紙を書きました。「本当は会って話をすることなのですが、面と向かったら伝えたいことの半分も伝えられないような気がしたので、話し合いの前に手紙で気持ちを伝えさせてください」と書きました。

ＤＶ夫の場合には、離婚を切り出したとたんに暴力がエスカレートする危険性があります。いきなり会って話をするよりも、手紙、メール、電話などで伝えて、話し合いには弁護士や調停委員などの第三者を介入させるほうが無難です。先輩シングルマザーの経験に基づくアドバイスです。

＊家族には離婚後の生活に協力してほしいことも伝えよう！

「身内には離婚が決まってから事後報告」というアンケート回答が多かったとおり、私も離婚の決意をして別居のための引越し先が決まってから、初めて手紙で伝えました。余計な心配をかけたくないという思いと、大丈夫、親と弟は私の選択を信じてくれるはずという信頼感からそうしたと思います。

アンケート回答の中には「もめるのがイヤだったから引越し先もすべて決めて、親たちが口を挟めないようにしてから告げました」という強行手段もありました。またＤＶを理解してもらうために手紙と一緒にＤＶ関連の本を送ったという人もいます。

親きょうだいの立場から言うと「あなたのことだから自分で決めなさい」というのが多くの本音だと思いますが、心配で口を挟まずにはいられないのも心情です。ましてや子連れ離婚の場合には、「子どもよりも可愛い孫」への心配のほうが大きかったりもします。

「なるべく安心してもらえるように、今後の生活設計なども説明しながら伝えました」というアンケート回答があったように、事後報告でもいいと思いますが、「離婚しました」と伝えるだけではなく、できれば今後の生活について考えていることや、協力してほしいことなどを伝えられるといいのではないかと思います。

子連れ離婚は何かと実家の世話になることも多いでしょうし、上手に身内を味方に引き入れることは大切です。

＊子どもには、真実を素直にプラス思考で伝えよう！

離婚後にひとり親から寄せられる悩み相談で一番多いのが、「子どもに父親、母親がいないことをどう伝えればいいでしょうか？」というものです。アンケートでも「子どもが小さいので伝えていない」という回答が多く見られました。「小さい」に該当する年齢は乳幼児から小学校高学年までと幅が広い回答です。

私が娘に「ウチは何でパパがいないの？」と聞かれたのは4歳のときです。保育園で友達のお父さんがお迎えに来るのを見て感じたのでしょう。「パパとは喧嘩しちゃって離婚したんだよ」と答えたら「みきちゃんちと一緒だね」と素直に状況を受け入れていました。保育園のお友達に離婚家庭があって子どもなりに情報交換していたのでしょう。

15歳になった娘が、離婚家庭の子どもの気持ちに関するインタビューに「子どもだと思って馬鹿にしないでほしい。子どもだって大人の気持ちをわかろうとしているから、大人はちゃんと事実を伝えるべきだ」というコメントをしています。「真実が知りたい」という離婚家庭のすべての子どもの気持ちを代弁しているのではないでしょうか？

「どう伝えていいのかわからない」という相談が多く寄せられますが、子どもに離婚を伝えるときには話の内容が大切なのではなく、感情が大切だと思っています。言葉は親子間では、感情が80パーセント、意味が20パーセントで伝わります。話の内容よりも親の感情のほうが先に伝わっていくということです。

真実を素直にプラス思考で伝えることがとても大切です。離婚をマイナスにとらえていてプラス思考で伝えられないうちは、「いつかちゃんと話をするから、ちょっとだけ待っていてね！」でもいいのではないでしょうか？

小さいからまだ早いというのは言葉を理解できない年齢までで、4歳くらいには大概の子どもは「パパ（ママ）はどうしたの？」という疑問をぶつけてくると思います。そのときに前向きに伝えられるように気持ちの準備をしておきましょう。

1-5 離婚前後の住まいの選択

＊離婚前の別居という選択

離婚を考え出したら、相手の姿を見るのはもちろんのこと、同じ空気を吸うのも嫌という気持ちになるでしょう。冷静に考えを整理するためにも、離婚前の別居はお奨めです。離婚を決意する前にまず別居してみることで、お互いの冷却期間を置くケースも増えています。

ただし、着《き》の身着《みき》のまま子どもを連れて相手に断りもなく家を出るといった強硬手段はやめましょう。いざ離婚となったときに不利な材料になりかねません。なぜなら夫婦には「同居義務」があります。一方的な別居はこの同居義務に違反した行為であると見られかねないからです。

家庭内暴力ですぐに家を出ないと自分や子どもが危険という場合には、この限りではありません。できるだけ早く決意して家を出ることをお奨めします。

離婚話もそうですが、別居を相手に切り出すのは勇気がいります。でも離婚を伝えるよりもたやすいはずです。「結婚生活維持のための冷却期間」であるというところを夫婦で十分話し合えれば、きっと相手も頑固に反対することもないのではと思います。とくに離婚を認めないような相手には、離婚準備のためととられないように上手に交渉しましょう。

たまに同居しながら調停を進めているご夫婦もいますが、離婚調停中の同居は精神衛生上よくないし、まして夫婦間の険悪な空気を子どもに感じさせるのは避けたいものです。

私も二度目の離婚で何度も話し合いをしたいと夫に伝えたのですが、「離婚はしない」という返事ばかりでした。彼が家にいると重たい空気が漂っていて、そんな生活に疲れてしまったのである日、「会話の進まない重い空気に疲れてしまいました。考える時間がほしいので家を出ます」とメールを送り、子どもたちを連れて家を出ました。

強硬手段と言えばそうですが、メールで伝えたという事実は残しました。伝えたという証拠は必ず保存して、あとで問題になったときには使えるようにしましょう。手紙ならコピーを、メールならデータ保存を、電話なら録音を残しておくようにしましょう。

なお、別居期間中の生活費の確保については138ページをご参照ください。

＊実家に戻るメリットとデメリット

ひとり親のアンケート調査からは、離婚前後に実家に戻ったという意見が多く見られました。確かに離婚前後の行き先として、真っ先に候補にあがるのが「実家」ではないでしょうか？

私も最初の離婚では生まれたばかりの長女を連れて調停中から実家に戻りました。友人や知人のところは一時しのぎにはなりますが、長く甘えることは難しいし気を遣います。

新たに部屋を借りて別居しようとしたら相応の手間とお金がかかります。実家なら気軽に頼れると思ったからです。離婚で傷ついて疲れているときに一人ではないという安心感があり、子どもを見てもらえるというのは実家の最大のメリットです。

しかし身内ほど容赦なく厳しいのも事実です。ふとしたことで母親と喧嘩をすると「出戻りのクセに！」と言われ、傷つかないフリをしながら傷ついていた思い出があります。実の親といっても、子どもを連れて戻ると育児に対する価値観の違いなど、様々な問題が発生します。それを覚悟の上でよく考え、とりあえず実家に戻るのであれば長期的な計画を考えていくことが必要です。長く一緒に暮らしていくのであれば最低限のルール（家事、育児、生活費の分担等）を決めて、気兼ねなく同居生活できる関係を築いていくことが大切です。

また実家に戻った場合には、同居世帯の収入が児童扶養手当の受給審査に影響しますので、親が働いていて一定の収入がある場合には、たとえあなたが無収入であっても手当を受けられないことになります。人によっては住民票の世帯を分けていて、家賃や光熱費も家に半分入れているのに、手当を受けられずに理不尽な思いをしている先輩シングルマザーもたくさんいます。さらに親と同居なので子どもの世話を見る人がいると判断され、保育園の入園許可を待たされたという経験をした先輩シングルマザーもいます。同居の場合には、保育が必要であるという親の就労の状況も忘れずに申請することが必要です。

このように実家に戻る場合にはメリットとデメリットがあることを考慮して、「親しき仲にも礼儀あり」を忘れずに上手にデメリットを克服しましょう。

＊DVの場合の住まいと生活

夫の家庭内暴力で家を出ることを考えている場合には「身の安全確保」が最優先となります。緊急を要する場合には、各自治体が緊急一時保護事業の一環として運営している施設（母子生活支援施設）を利用することが可能です。また民間シェルターとよばれるNPO法人等が運営している緊急一時避難施設も全国にあります。まずは、配偶者暴力相談支援センターなどの身近な窓口に相談をして、必要を認められれば入所が可能となり、空室さえあればその日のうちに何ももたずに避難することができます。

施設では生活保護を受けながら子どもの預け先や住まい、就職の斡旋などの自立支援やカウンセリングなどの心理ケアも受けることができます。でも、あくまでも一時的な住居です。3か月以上の滞在が難しいことが滞在者の悩みの種になっているのも現実です。緊急の場合はすぐに避難することが先決ですが、余裕があるのであれば先々のことを考え、家を出る時期や必要なものをもって出る計画ができるといいと思います。

あなたが日頃から子どもの世話をしている場合、子どもは必ず連れて出てください。子どもが手のかかる年齢の場合、いつも世話をしていたあなたがいなくなったら、育児放棄になりかねません。また、離婚してから引き取る予定で子どもを置いてきてしまったばかりに、裁判で親権が取れなくなった親をたくさん見ています。裁判における親権の取り決めでは、子どもを現在養育しているかどうかが優先考慮されるので、置いて出るというのは不利になります。もちろん子どもの意思を尊重することが大切ですが、ＤＶ夫の元で育てたくないのであれば必ず連れて出ることをお奨めします。

また暴力や浮気を証明できるような証拠があれば裁判に備えて、これももって出ることができるといいと思います。一度家を出てから取りに帰るのは危険ですし、至難の業です。

以下に、家を出る際に用意すべきものを挙げておきます。

＊家を出る際に用意すべきもの

暴力被害の証拠となるもののリスト

▼被害者（自分）の日記やメモ（暴力の記録）
▼被害行為や行為後の状況を撮影、録画したデータ、動画や音声データ
▼加害行為によって壊されたもの（食器や家具）ないしその写真
▼目撃者である近隣住民や勤務先の上司、同僚の陳述書
▼診断書、診察券、負傷状態の写真（暴力で負傷した場合）

▼（以前警察に通報したことがある場合）被害届、110番出動記録
▼（何回も電話をかけられている場合）電話着信状況に関する資料
▼加害男性（夫）からの執拗な手紙やファックス、メール、LINEの画面キャプチャー
など

家を出るときのもちものチェックリスト

▼緊急連絡先（家を出た後に自分が連絡したい先等）の住所や電話番号
▼健康保険証またはそのコピー
▼現金・通帳・カード・マイナンバーカード
▼印鑑（実印・印鑑証明カード・銀行印等）
▼財産に関する法的書類の写し（土地の権利書・抵当権決定証明・賃貸借契約書）
▼日ごろ使っている常備薬
▼裁判に提出する証拠品
▼あなたにとって大切なもの（思い出のものや子どもが大切にしているもの）
▼子どものミルク、おむつ
▼夫があなたの居場所を探す手がかりとなるようなもの（例／アドレス帳）

1-6

離婚前後の住まいの借り方

＊賃貸住宅を借りるときの苦労と知恵

住まいの問題は、子どもの年齢によって考慮すべきことがたくさんあります。

私は二度目の離婚では実家に戻るという選択ができませんでした。なぜなら長女が9歳で小学校を転校するのを嫌がったからです。離婚という変化に適応するだけでも子どもにとっては苦痛なのに、環境がすべて変わってしまうことは避けたいと思いました。だから、とりあえずの転居先としてこれまでの学区内に部屋を借り、実家には戻りませんでした。ここは子どもの気持ちを優先に考慮した点です。

母子家庭の場合、部屋を借りるのは簡単ではありません。正社員として長年働いていて所得証明などをしっかりと提示できるのであれば別ですが、これから職探しをする予定で無職だったり、パート就労だったりすると社会的信用が低いとみなされます。しっかりとした保証人を要求されたり、厳しい場合には2名以上の保証人を要求されたりします。保証人に関しても働いていて収入があることが前提なので、定年退職した父親などは保証人になることはできません。

保証人問題で行き詰まる人も多いようですが、最近では不動産会社が保証会社と提携していて個人の保証人がなくても契約できることのほうが多いです。実際には家賃等が上乗せになりますが、身内に迷惑や心配をかけずに済むので家賃保証会社を使うのは手です。

別居期間に部屋を借りた私は、不動産会社に「夫が単身赴任で子ども2人と私がこちらに残るので親子3人で暮らせる物件を探しています」と、これから母子家庭になることを隠して部屋探しをしました。家族の住民票が必要になりましたが、まだ離婚していないので住民票の提出は問題ないし、余計な詮索もされることなく保証人も1人で問題なく部屋を借りることができました。賃貸名義人は私なので契約違反ではないと思います。

家族で借りていた賃貸に親子でそのまま残り、夫が家を出るというのが子どもにとっては大きく環境が変わることもなく理想的です。そんな選択をしている先輩シングルマザーもたくさんいます。その場合には離婚後に大家さんに確認をして、もし「賃貸契約書」の名義人が夫になっていれば変更をする必要があります。家賃負担も考慮しなくてはならないので誰もができることではないと思いますが、子どものためには一番お奨めです。

＊公営住宅を借りるメリットとデメリット

公営住宅は都道府県または市区町村が整備し管理運営している、低所得者向け賃貸住宅です。

どうやったら借りられるかもわからないし、そもそも入居希望者が多くて倍率が高いんでしょ？　と思われがち。しかし、場所にこだわらなければ、意外と常時募集の空き家があったり、抽選の場合でも、ひとり親家庭は「特枠世帯」にあたり、一般世帯に比べると当選確率も高いので、検討する価値は十分あります。

都営住宅に住んでいる数人のシングルマザーにお会いして話を聞きましたが、みなさんが口を揃えて「都営に入れて本当に助かっています」と言います。子どもがいたらワンルームというわけにはいかない。でも都心で、ある程度の広さの部屋を借りようとしたら、2DK以上で間違いなく家賃15万円以上はするでしょう。都営は前年度の年収により家賃が決定されるので賃貸住宅の相場の半額以下の家賃で借りることができ、何より更新がないのが大きなメリットです。また、まわりに同じようなひとり親世帯が多いので心強いという意見もありました。

逆にデメリットをあげると、自治会がしっかりしていて役員が順番に回ってきます。ひとり親家庭だからという理由で役員を断るわけにはいかない場合もあります。また、賃貸マンションと違って管理会社などが入っていないので、自分たちで管理が必要なため、共有スペースの草取りや清掃なども必須です。

とにかく隣近所や自治会を無視して住めないので、人付き合いの苦手な人には向いていないと思います。

＊母子生活支援施設に住む

ＤＶや経済事情、住宅事情など、母子だけでは自立が困難な場合に入居できる施設です。母子生活支援施設には、仕事や育児、健康、家族関係、将来の生活設計のことなど、様々な心配ごとを相談できる職員がいます。独立した居室で家事・育児を行なうことができますが、共同生活のためルールはあります。

現在住んでいる地域を管轄する福祉事務所が窓口となります。相談内容をふまえ、適切なサービスや施設について説明を受けられます。入居世帯の半数は、ＤＶからの自立を目的とした世帯ですが、その他の理由で自立支援が必要な方も利用可能です。

＊シェアハウスに住む

最近は、シングルマザー向けのシェアハウスも少しずつ増えています。メディアでよく取り上げられるのは通勤に便利な都市部の物件が比較的多く、家賃（諸経費込み）も特別に安いわけではありませんが、入居した人たちからは「初期費用が抑えられた」「同じ境遇の仲間が集まっているので、精神的に救われた」「子どもが一人になる時間を減らせた」といった声を聞きます。

それぞれのシェアハウスによって実施するサービスや入居条件、生活ルール、特色などが異なるので、よく確認しておくとよいでしょう。

1-7

生活費の確保と働く準備

＊離婚準備は計画的にやりくりを！

私が離婚を決意して情報を探しているときに、何かで「離婚準備金は最低100万円は必要」と読んで慌てた思い出があります。離婚前に別居をしましたが、実際、賃貸物件の敷金、礼金、前家賃、足りないものを買い揃えたりするとあっという間に100万円はなくなってしまうお金です。

私の場合は仕事をしていたこともあって、お金が底をついて路頭に迷うことはなかったですが、専業主婦でこれから仕事を探すという方ならばなおさら、職が見つかるまでの生活費も考えて多めに確保しておくに越したことはありません。

毎月、生活費のみもらっていたので夫の収入や財産をしっかり把握していません、という方がいますが、いざ離婚となったときに不利です。そうならないように準備期間に源泉徴収票や給与明細から夫の収入を把握し、できればコピーしておきましょう。

ただし、自営業の場合には確定申告で実際の収入を申告していない可能性もあります。そんなときのために普段から家計簿をつけて、実質の収入がいくらあるはずだと主張できるようにしておくなどの努力も必要です。自営業に使っている通帳をコピーしておくのも証拠になります。

＊職探しは早めに準備しよう！

財産分与や慰謝料などは、すぐに使ってしまうのではなく、できれば生活準備資金や子どもの教育費のための蓄えとして考えましょう。生活費の確保として最も重要なのは働くことです。シングルマザーの再就職ははっきり言って厳しいのが現状です。

第5章で述べるように、国はひとり親家庭の就労支援に力をいれています。各自治体で開催されている、就労支援セミナーなどは、就職活動する前に心得などを取得できる場としてぜひ、利用されることをお奨めします。離婚前でもこれから離婚予定であることを伝えれば参加可能です。

「結婚前にバリバリ仕事していたから大丈夫！」と思っている人がいますが、例えば10年間専業主婦をしていた人が、結婚前はパソコンが得意だったからとPC系の仕事を選んでも非現実的です。10年間でパソコンはかなり進化しています。それよりも10年間の主婦経験を生かして得意なことを棚卸ししてみましょう。そのためにも、再就職支援セミナーやキャリアカウンセリングを利用することをお奨めします。

＊スキルアップを心がける

また、希望の職種として人気が高いのが一般事務ですが、どんな分野の仕事でも共通して言えるのは、今やパソコンでワード、エクセルくらいは使いこなせないと就職先はありません。高度なスキルは必要ありませんが、キーボードを難なく使えるくらいのスキルは必要です。自治体によっては無料のパソコン講習を開催しているところもあるので、必要な方は問い合わせてみてください。

次ページの先輩ひとり親のアドバイスにもあるように、何か資格をもっていたほうが就職には有利です。思い切って慰謝料を投資して資格取得した先輩シングルマザーもいますし、夫への離婚の条件として「離婚前に学校に通って資格を取得したい」と約束し授業料を確保したシングルマザーもいます。「すぐに働かなくては！」と焦る気持ちもわかりますが、準備やリサーチ、離婚前にやれることはたくさんあるので焦らないで考えてみましょう。

選ばなければ仕事は何でもありますが、あまりにも妥協して選んだ仕事では、長く続けることができません。子どもを育てていく上で必要になるお金（高校や専門学校、大学進学など）を無理なく用意できるように、長期的に計画を立ててスキルアップしていけるような職選びを心がけたいものです。

先輩ひとり親に聞け！

――離婚前に準備しておきたいこと

◈職探しは早めに準備！

●専業主婦がいきなり離婚するって大変だから、可能だったら資格をとっておくなど緻密に準備期間を設けて考えていけるといいと思います。（さちこさん・大阪府）

●私の場合には無理でしたが、専業主婦で離婚される場合には再就職をしておくことが大切だと思います。離婚してから子どもを抱えての職探しは本当に大変だと痛感しています。（しょうこさん・熊本県）

●長らく専業主婦だったため社会から取り残されたような気がして、就職して職場で人間関係を築くのが大変だった。離婚前から社会情勢のチェックをしておけばよかったと思いました。（あこさん・岐阜県）

●パソコンはできるようにしておいたほうがいいと思います。職種は様々ありますがパソコンができるとできないとでは採用率がかなり違います。高度なことはできなくてもいいのでキーボードを打てるくらいはできたほうがいいと思います。（きこさん・千葉県）

●資格があれば有利だと思うのでハローワークの職業訓練制度を使って職業訓練校に通うことをお奨めします。母子家庭だと優先的に入学させてもらえるし、仕事をしていた人なら失業給付を受けながら訓練校に通うこともできます。（まなみさん・東京都）

●仕事についたばかりの頃に限って、子どもも保育園などに慣れずに病気しがちなので、無理なシフトで働かないように工夫したほうがいいと思います。（匿名・○○県）

●ケチらずに面接用の身なりをちゃんと整えること。ボサボサ頭にボロボロスーツでは自分に「失敗するかも」という暗示をかけてしまいます。堂々と面接にのぞむためにもまずは自分作りから意識してください。（のばらさん・東京都）

●家に近いところで働くのがベストだと思います。通勤が長いと仕事と家事の両立が難しくなり子どもと遊ぶ時間もとれなくなってしまうので。（かなさん・千葉県）

●これまで自分でも情けなくなるくらい転職しました。昼間はパートをして子どもが寝たあとに夜の仕事をしているときもありました。子どもが大きくなればフルタイムでも働くことができます。小さいうちは子どもがいても働けるところで働いて、その間は勉強だと思って割り切るしかないですね。（のぶえさん・千葉県）

●面接では無理な約束はしないで、譲れない条件は素直に話をしたほうがいいと思います。それで不採用になる場合もありますが、理解が得られれば職場でも協力を得られるので働きやすくなります。（あやさん・北海道）

●離婚前から離婚後にどんな仕事につきたいのか、そのためにどんなスキルが必要なのかなどしっかりと調べておくことが大切だと思いました。（しょうこさん・熊本県）

●長期的に考えて計画できるといいと思います。例えば簿記2級を取得したあとに会計事務所などに勤務して実績を積めば、転職するにもキャリアになるのでいいのではないでしょうか？（匿名・東京都）

●母子家庭で子どもが小さいと病気をすると休みがちと思われ断られる確率が高いので、できれば職を決めてから離婚するほうが有利だと思います。ただでさえ残業できない、休日出勤できないという制約があるのだから。（エミさん・北海道）

●小さい子がいる人は、病児保育をどうするか考えておくといいです。東京近辺のひとり親なら、NPO法人フローレンスの病児保育サービスがお奨めです。寄付によるひとり親の支援枠があって、通常より安くサポートを受けられます。（おおさん・千葉県）

●仕事は選ばなければ必ずあります。子どもが小さなときには子育てを優先して保育園の近くに職を探すことをお奨めします。（あこさん・岐阜県）

❖事前リサーチをしっかりと！

●離婚に関するありとあらゆる情報を集めてから話し合いをしました。親権や養育費など事前に調べておいたのでスムーズに話し合いができました。相手の言いなりや調停委員や弁護士にお任せではなく、しっかりと調べて自分の意思をもってのぞんでください。（りなさん・北海道）

●離婚について十分に考えておくことが大切です。離婚前にインターネットでひとり親のコミュニティを見つけて、同じ境遇の仲間と情報交換していたので孤独にならずに頑張れました。（さっこさん・北海道）

●市役所の福祉窓口にいって母子家庭になったら受けられる手当てや支援について話を聞きました。かなり不安は減りました。（匿名・千葉県）

●離婚についての本を読んだり、養育費、慰謝料、調停について調べられるだけ調べました。そうすることで手順も理解できて、仕事しながらでもスケジュール調整して様々な手続きをすることができました。（Qooさん・北海道）

何も決めずに離婚なんてことにならないように、離婚を切り出す前の事前リサーチがとても大切です。今はインターネットでありとあらゆる情報が検索できますし、離婚に関する実用書もたくさん並んでいます。自治体の窓口には母子・父子自立支援員と

いう相談員がいて離婚後の就労等の相談にのってくれます。あとで後悔しないように広く情報収集してくださいね。

なお、養育費など夫婦間での取り決めについてのアンケートは、第2章68ページから詳しくまとめてあります。

❖やっぱりお金！　前もって離婚貯金をしよう

●自分のお金をもっとためておけばよかったです。離婚は計画的にしたほうがいい、感情的にしてしまうと離婚後の生活が苦しいので。（カッパさん・奈良県）

●離婚前にせっせとヘソクリをしておくといいですよ。（のばらさん・東京都）

●夫婦のときに夫の家族会員としてクレジットカードを作っておきました。離婚後に私1人では作れなかったと思うので作っておいてよかったです。（しおんさん・東京都）

私はいざ離婚するときにバタバタしないように、夫名義で1つになっていた口座を自分名義のものも作って、2つに分けました。そして、いくつかのローンを離婚後に夫が支払っていくべきものと、自分が支払っていくべきものに分けました。また、当然ながら夫婦の貯金は2つの口座に半分に振り分けました。

❖その他、こんなことも必要！

●元夫が転職のために仕事を辞めたときに、共働きだったので子どもの扶養を私の社会保険に移しました。先に手続きしてあったので離婚後に手間がなかったのはよかったと思います。離婚後にやらなくてはならないことは意外とたくさんあるので、保険に限らず、離婚前にできる手続きはしておいたほうがいいと思います。（友実さん・福岡県）

●保険の契約者の切りかえは離婚後にやろうとすると郵送や電話でのやり取りの手間が発生するので、できれば一緒に住ん

でいる間に調べてやっておくと楽ですよ。(あやさん・北海道)

●もち出したい大切なものは何か理由をつけて先に実家や信頼できる預け先に送っておくといいですよ。私は父の形見を送ってもらいたかったのですが離婚後に請求しても送ってもらえなかったので、先にどうにかすればよかったと後悔しています。(のばらさん・東京都)

❖あとになって後悔しないよう先手を打つ!

●私ではなくて友人のシングルマザーの話ですが、離婚前に夫の浮気が発覚。相手に財産がないので「やばい」と思って、離婚はしたくないと平謝りの夫にお詫びのしるしと言って借金をさせて車を彼女名義で購入させました。その後、離婚調停を起こして離婚。車は彼女のものになりました。すごい裏技!(匿名・千葉県)

●夫の暴力による離婚だったのですが、夫の不貞行為もあり裁判ではその証拠を提出したかったのですが、すでに避難して家を出てしまっていて証拠は置いてきたままだったので後悔しました。身の安全がもちろん優先ですが、余裕があれば証拠になるものはもち出したほうがいいと思います。(ゆうこ・東京都)

「ああすればよかった」とあとから思う失敗談、誰にでもあるようです。実は私も夫の車のローンの連帯保証人になっていたのですが離婚後も夫が車を使うというのでまさかローンが滞ることはないと思いそのままにして離婚しました。離婚して2年後にローンの残債が滞っているということで連絡がきたときにはビックリしました。別れてからそんなことで連絡をとらなくてはならないのは精神的負担になりますので、ご注意を!

Column 思いがけず相手に離婚を切り出されたとき

カウンセリングをしていると、「私は離婚したくないのに」という相談も多く寄せられます。

私の二度の離婚は自分から決意して別れを告げたので、告げられた側の気持ちは経験がありませんが、恋愛においては結構ふられ体質なので、「別れよう」と言われたときの打ちのめされる気持ちはよくわかります。ましてや子どもがいるのに離婚と言われたら、失恋なんか目じゃないくらい深刻なはずです。

最近はビックリすることに浮気夫や妻から離婚を切り出されることが多くあります。

ここで焦ると火に油を注ぐようなものです。不倫は反対されればされるほど「こんなに好きになった相手はいない」と勘違いして盛り上がります。騒がずに冷却期間を置いて考えることが賢い対応です。

夫婦関係修復は壊れてしまった倍以上の時間を必要とします。今すぐ何とかしたいと焦ったり、憎みすぎた挙句に、別れないことが仕返しと意地になる人もいます。自分や子どもにとって果たしてそれでいいのでしょうか？

相手のペースに巻き込まれずに、主人公を自分にして焦らず時間をかけて対応することが、思いがけず相手に離婚を切り出されたときの心得です。カウンセリングを利用して心の整理からしてみましょう。苦しいのはほんの一時のことです。自分の願望を再確認して、自分の選択を信じて次のステップに進むことが大切です。

第2章

子連れ離婚の種類と手続き

離婚にはとても労力を要します。話し合いや手続きは大変ですが、あなたとお子さんの将来の幸せのためにも、焦らず手を抜かずに最後まで頑張りましょう。

2-1 認められる離婚理由と認められない理由

夫婦双方の合意があれば、どんな理由であれ離婚することはできます。「性格や価値観が合わない」とか「はっきりとした理由がない」という場合でも問題ありません。離婚届を出す際に、理由を問われることもありません。

ただし、一方が「離婚したくない」と考えていたら、協議離婚はできません。話し合いや調停（58ページ参照）でも合意ができない場合は、離婚を求める側が裁判を起こすことになります。裁判で離婚が認められるのは、主に次の5つの理由です。

【1】配偶者が不貞行為（浮気）をした場合

性的関係を伴う浮気です。裁判では証拠（写真など）が必要となります。ただし、相手をいったん許すなど関係が修復できそうな場合には、離婚が認められないこともあります。

【2】配偶者に悪意をもって遺棄された場合

例えば、妻子が生活に困るのを知りながら、夫が勝手に家を出てしまった場合などです。夫の暴力を避けるために、妻子が家を出て別居する場合は該当しません。

【3】配偶者の生死が3年以上不明の場合

最後に連絡を受けてから3年以上、生死がわからない状態が続いていれば、離婚を認められます。あとで当人が現れても、離婚は取り消されません。

【4】配偶者が強度の精神病で、回復する見込みがない場合

認められるには、医師の診断が必要です。離婚後に誰が面倒を見るのか、どのように治療を続けるのかなどを明らかにしておくことが重視されます。

【5】その他、重大な事由がある場合

家庭内暴力（DV）、ギャンブルや宗教へののめりこみ、性の不一致、アルコール中毒、借金、姑との確執等、ほかにもいろいろありますが、先の4つにあてはまらない重大な事由がある場合です。必ず認められるわけではなく、その「度合い」によって判断されます。

＊原因を作った側からの離婚請求が認められることも

不貞を犯したり、暴力を振るったなど、離婚原因を作った側（有責配偶者）からの離婚請求は以前は認められませんでした。しかし最近では、別居が同居期間に比べて長期にわたる、未成年の子がいない、離婚を認めても相手が過酷な状況にならないと判断されれば、離婚が認められる場合があります。ただし、有責配偶者が「別居期間の婚姻費用をちゃんと払っている」「相当な財産分与を申し出ている」などの事情が考慮されます。

2-2 離婚の方法と流れ

離婚には、主に3つの方法があります。「協議離婚」「調停離婚」「判決離婚」というものです。

まずは夫婦で離婚の話し合いをして合意できれば（52ページ参照）、離婚届を出すだけで「協議離婚」が成立します。協議離婚は、離婚全体の9割を占めています。

夫婦で話し合いがまとまらないときや、相手が話し合いに応じないときは、裁判所に「調停」を申し立てます。調停をとばして、一気に裁判を起こすことはできません（調停前置主義）。調停では、裁判官と調停委員が第三者として間に入り、話し合いを進めます。これで合意できれば「調停離婚」となります。なお調停には、夫婦関係の修復を目指す「円満調停」というものもあります。

調停でも離婚の合意ができなければ「裁判」となります。ここで離婚の判決が下された場合は「判決離婚」となります。ほか、訴訟で判決に至らず和解した場合は「和解離婚」となります。調停がまとまらず裁判所が審判をくだす「審判離婚」や、裁判の途中で離婚を求められた側が離婚を認める「認諾離婚」もありますが、その数は多くありません。

それぞれの離婚方法については、56ページ以降で詳しく説明していきます。

■離婚までの流れ

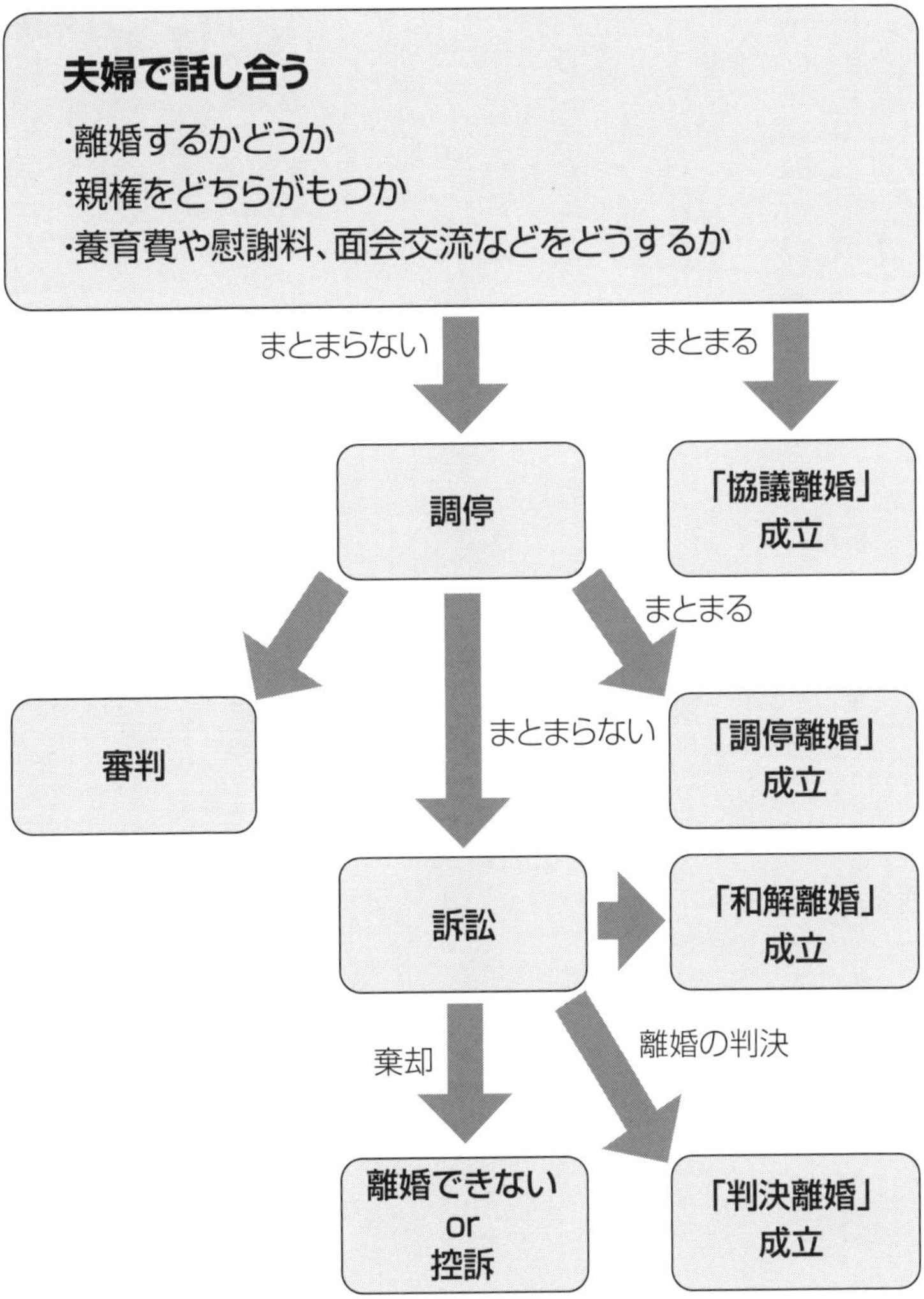
夫婦で話し合う
・離婚するかどうか
・親権をどちらがもつか
・養育費や慰謝料、面会交流などをどうするか
まとまらない
まとまる
調停
「協議離婚」成立
まとまる
審判
まとまらない
「調停離婚」成立
訴訟
「和解離婚」成立
棄却
離婚の判決
離婚できない or 控訴
「判決離婚」成立

2-3 離婚時の手続き

離婚の際は、改姓や住所の変更にともない、様々な手続きが必要になります。50～51ページに主な手続きをまとめましたので、参考にしてください。それぞれのケースによって、ほかにも手続きが必要な場合もあれば、不要な手続きもあるはずです。必要書類は自治体によって異なるので、事前によく確認してください。

詳しい手続き方法については、離婚届の提出（↓74ページ）、子どもの転校や保育園の入園（↓86ページ）、子どもの姓や戸籍の変更（↓90ページ）、児童扶養手当の申請（↓164ページ）に、それぞれ説明してあります。

＊めんどうな手続きをなるべくカンタンに済ませる！

役所に行くときは、足を運ぶ回数が少なくて済むように、うまく段取りをしておくとよいでしょう。あらかじめ、自分に必要な手続きを紙に書き出しておくのがお奨めです。手続きによっては、市区町村役所だけでなく、自宅に近い出張所や支所で行なえる場合もあるので、事前に確認してみましょう。

手続きをする際は、必要となる戸籍謄本や住民票が、婚姻中のものだったり離婚後のものだったりと、種類がいろいろあるので注意してください。役所で書類をとる際は、そのつど使う目的に合ったものであることを確認しましょう。印鑑は、婚姻中の姓の印鑑と離婚後の姓のものを、両方携帯していると安心です。

本籍地が遠くて戸籍謄本をとりに行くのがたいへんな場合は、やや時間がかかりますが、郵送で入手することもできます。この場合、交付申請書（HPからダウンロード、または必要な戸籍の種類・枚数・本籍地と筆頭者名・住所・電話番号・名前・生年月日・請求理由などを明記したメモでも可）と、手数料（無記名の郵便定額小為替）、本人確認書類（免許証のコピー等）、返信用の切手（急ぎの場合は速達料金）を貼った封筒（宛先に自分の住所と名前を記入）を揃え、本籍地の市区町村役所宛てに郵送します。詳細は、各役所によく確認してください。戸籍謄本以外の書類でも郵送してもらえることがあるので、電話で問い合わせてみるといいでしょう。

必要な書類を揃えるのには意外と時間がかかるので注意してください。例えば夫の会社の保険を抜けたことを証明するための書類を夫の職場でとってもらうなど、自分だけでは処理できないものもあります。

手続きにはいろいろと手間がかかりますが、焦らずに片付けていきましょう。ただし、あまり遅くなると、かえって手続きが煩雑になることもあるので、注意してください。離婚前に済ませられることは、早めに済ませておきましょう。

■親（自分）に関する手続き

離婚届の提出 74ページ参照

（窓口）なるべく本籍地の市区町村役所

※本籍地以外で提出する場合は、戸籍謄本も提出すること
※離婚しても姓を戻さない場合は「離婚の際に称していた氏を称する届」も一緒に提出しておきましょう
※ほかの手続きで「離婚受理証明書」が必要な場合は、離婚届を提出したときに、同じ役所で取得しておきましょう

住民票の移動（世帯主変更）

（窓口）居住地の市区町村役所

国民年金の加入・変更

（窓口）居住地の市区町村役所

※全額または半額免除制度を申し込む場合は、税書類（＊）などが必要となります

国民健康保険の加入・変更

（窓口）居住地の市区町村役所

※配偶者の職場の健康保険を抜けて、国民健康保険に加入する場合は、配偶者の職場で発行される「社会保険資格喪失証明書」などを提出

印鑑登録の再作成・マイナンバーカードの記載変更

（窓口）居住地の市区町村役所

その他

銀行･郵便局口座（預金通帳）、クレジットカード、運転免許証、パスポート、保険、携帯電話等の名前・住所変更
郵便物の転送依頼、引越し手続き、公営住宅の入居申し込み
車、家、保険、電話等、共同所有していたものの名義変更
ひとり親家庭の父母等の医療費助成など行政サービスの申請

■子どもに関する手続き

子どもの姓・戸籍の変更 90ページ参照

（窓口）子の居住地を管轄する家庭裁判所と、居住地の市区町村役所

児童扶養手当の申請 164ページ参照

（窓口）居住地の市区町村役所

※所得に関する書類（＊）などが必要となります
※審査に時間がかかるので、離婚したらなるべく早く申請すること

児童手当の受取人変更

（窓口）居住地の市区町村役所

※先に現在の受取人が、居住地の市区町村役所で児童手当受給資格の「消滅届」を提出しておくこと
※所得に関する書類（＊）などが必要となります

国民健康保険の加入・変更

小中学校の転校＆保育園の入・転園 86ページ参照

※保育園の入転園には、所得に関する書類（＊）などが必要となります

その他

学童の申込、学資保険など保険の名義変更、行政サービスの申請（子ども医療費助成、児童育成手当て（東京都）、予防接種など）

（＊）所得に関する書類…勤め先で発行される「源泉徴収票」や、「確定申告書控え」、「課税・非課税証明書」などの書類です。必要となるものが人によって異なるので、担当の窓口でよく確認してください。

・手続きの際は、上記書類のほかにも、さまざまな書類の提出が必要となります。自治体やケースによって異なるので、事前によく確認しておきましょう。

2-4 離婚の話し合いのポイント

離婚しようと決心したら、あるいは相手から離婚を切り出されたら、まずは夫婦で話し合いをします。決めることは、主に次の3点です。

①離婚をするか、しないか
②子どもに関することをどうするか（「親権」「養育費」「面会交流」など）
③お金に関することをどうするか（「慰謝料（和解金）」「財産分与」「婚姻費用」など）

まずは①について、お互いに離婚の意思があるか確認します。しかし実際には、子どもやお金に関する意見がまとまらなければ、離婚そのものの合意も難しいかもしれません。②・③の、子ども・お金に関することについて、それぞれ詳しく見ていきましょう。

＊まずは子どもに関することを話し合う

離婚の際に話し合うべき最も大切なことは、子どものことです。夫婦での話し合いは、相手への怒りなどでまわりの状況が見えづらくなりがちですが、離婚の一番の被害者は子どもであることを忘れずに、できるだけ冷静に話し合いたいものです。具体的に話し合うことは、以下のような内容です。

・子どもの面倒を見たり子どもの財産を管理する「親権」をどちらがもつか

・子どもと離れる親が、養育費を毎月いくらずつどのように支払うか
・子どもと離れる親が、離婚後に子どもとどのように会うか（「面会交流」）

離婚届を出すときには「親権」のとり決めをして、チェック欄にある養育費と親権について話し合いをしましょう。子どもにとっては大変重要なことです。とくに面会交流は、子どもを引き取る側の親としては「できれば会わせたくない」と思いがちですが、自分の親に会うことは子どもの権利だと私は思っています。子どもへの暴力があるなど、やむを得ない事情がある場合は別ですが、離婚の際には、夫婦でよく考えておきましょう。

「親権」「養育費」「面会交流」については、第3章で詳しく説明します。

＊お金に関することを話し合う

なかには「早く離婚したい」と思うあまり「お金は一切いらない」とあきらめてしまう人もいるようですが、あとあとの子どもと自分の生活を考え、冷静にしっかりと話し合っておきましょう。具体的には、以下のような点について決めておきます。

・別居中の生活費（「婚姻費用」）をいくらとするか
・「慰謝料（和解金）」をいくらにするか
・貯金や持ち物など、財産をどう分けるか（「財産分与」）

必ずしもこの3つすべてが発生するわけではありませんが、夫婦の状況に応じて、これ

らについてお互いの意見をまとめておきます。
それぞれの金額の相場や決め方については、第4章で詳しく説明します。

＊勝手に離婚届を提出されたくないときは「不受理申出書」

私の知人で、夫が浮気をして浮気相手が妊娠、勝手に離婚届に判を押されて知らないうちに提出されてしまったという経験をもつシングルマザーがいます。このように自分は離婚を決めていないのに相手が勝手に離婚届を出してしまう可能性があるときは、役所に「離婚届不受理申出書」を提出しておきましょう。

不正に提出された離婚届は、あとで申し立てをすれば無効となりますが、手間がかかって面倒です。その点、先に「不受理申出書」を出しておけば離婚届が受理されなくなるので安心です。

用紙はどこの市区町村役所でももらえます。提出は、本籍地の役所に行ったほうが素早く処理されます。「不受理届」の有効期限は無期限です。「本人の死亡」または「不受理申出の取下書」が提出されるまでは効力は継続されます。

■不受理申出書のサンプル

離 婚 届
不受理申出

平成　年　月　日申出

長 殿

受付 平成　年　月　日 発収簿番号 第　号 整理番号 第　号	発送 平成　年　月　日	
送付 平成　年　月　日 発収簿番号 第　号 整理番号 第　号	長 印	
書類調査	戸籍調査	

不受理申出の対象となる届出		離婚の届出 過去にした離婚の届出の不受理申出　□有　☑無	
申出人の表示		申出人	夫又は妻（特定されている場合）
	氏名	日実 花子	日実 太郎
	生年月日	○年 2月 16日	○年 10月 12日
	住所（住民登録をしているところ）	千葉県市川市 市川○丁目○番地 番 ○号	千葉県市川市 市川○丁目○番地 番 ○号
	本籍	千葉県市川市 市川○丁目○番地 番	千葉県市川市 市川○丁目○番地 番
		筆頭者の氏名 日実 太郎	筆頭者の氏名 日実 太郎
その他			

上記届出がされた場合であっても，わたしが市区町村役場に出頭して届け出たことを確認することができなかったときは，これを受理しないよう申出をします。

申出人署名押印	日実 花子　（印）

2-5 協議離婚に必要な手続き

夫婦の話し合いで離婚することが決まったら、離婚届を記入し、それぞれが署名捺印をして役所に提出します。これだけで協議離婚は成立します。先ほども書いたように、協議離婚では離婚の理由を問われません。離婚届の用紙に、理由を尋ねる項目がないのです。

前項で離婚の際に夫婦で話し合うことをまとめましたが、子どもやお金に関することのうち、離婚届に必ず記入しなければならないのは「親権」のことです。離婚後、どちらの親が子どものめんどうを見るか、これだけは決めておかなければ、離婚はできません（親権、96ページ参照）。任意のとり決め事項ですが、「養育費」と「面会交流」も重要です。

離婚届の記入や提出方法については、74ページから詳しく説明します。

＊子どもの姓と戸籍の変更は別の手続きが必要

1つ注意しなければいけないのが、子どもの姓と戸籍の変更についてです。例えば離婚届に親権者を母親として記入した場合、子どもの姓や戸籍は自動的に母親と同じになると思われるかもしれませんが、そうではないのです。

離婚届を提出したあとで、家庭裁判所に「子の氏の変更許可申立書」を提出し、さらに再び役所で「入籍届」を提出するという手続きを経なければ、子どもは元のまま、父親のほうの戸籍に残ってしまいます。姓も変わりません（ただし、戸籍を変えないほうの親が親権をとる場合は、手続きは不要です）。

詳しい変更手続きの方法は、90ページで説明します。

＊話し合いの内容を公正証書にしておく

話し合いがまとまれば、離婚届を提出して協議離婚は成立するのですが、将来的に養育費支払いなどの約束が守られないことがあります。そのときに法的手段がとれるように公正証書の作成をしましょう。

調停離婚や判決離婚の場合、取り決められた内容は調停調書や判決書に記され、将来もし養育費が支払われなくなるなど約束が破られたときは、裁判所を介して、履行勧告、履行命令、間接強制、直接強制ができます（108ページからを参照）。

しかし協議離婚の場合、もし支払いが滞っても、ただの口約束ではどうにもなりません。養育費請求の調停からやり直しになります。協議離婚の際は、必ず公正証書を作っておくようにしましょう。そうすれば取り決めが破られたときに、調停をしないでも間接強制・直接強制の手続きを行なうことができます（公正証書の作り方は80ページ参照）。

2-6 調停離婚に必要な手続き

子どもやお金の問題を含め、夫婦で離婚の合意ができない場合や、冷静に話し合いが進められない場合に、家庭裁判所に離婚調停の申し立てをします。

調停では、調停委員2名（男女1名ずつ）などが夫と妻の間に入り、両者それぞれの言い分を聞きながら、話し合いを進めていきます。裁判のように、夫と妻どちらかの言い分が通って判決がくだされるのではなく、調停はあくまで当事者の意見調整を目的とするものです。

調停で合意ができると、その内容を記した「調停調書」が作成され離婚が成立します。後日、この調停調書謄本を離婚届とともに役所に提出します。

先に協議離婚のところでも説明したとおり、調停調書があれば、将来、もし取り決めたお金の支払いが滞った場合、裁判所を通じて支払いの催促をしたり、取り立てをしたりできます（108ページからを参照）。

調停で夫婦の合意ができなかった場合や、裁判所から呼ばれても相手が調停に来ない場合は調停不成立となり、すぐに離婚することはできません。そのときは訴訟を起こすか（判決・和解離婚、66ページ参照）、時間をおいて、再び調停を申し立てます。

＊私が「協議離婚」よりも「調停」を奨める理由

日本の離婚は約9割が協議離婚ですが、私はこれに関しては否定派です。離婚は婚姻契約解除だと思うので、紙切れ一枚や口約束だけで簡単にしてしまうことに疑問があります。そのため、離婚相談に訪れる方には調停をお奨めすることが多いです。調停は間に調停委員（第三者）が入り、話し合いを調整してもらえるので、過度に感情的にならず、スムーズに要点をまとめていけることがメリットだと感じるからです。

また、協議離婚では金銭の不払いに備えて、公正証書を作る必要がありますが、手間や金銭負担を避けて証書を作らず、口約束や覚書《おぼえがき》で離婚してしまう夫婦が多いのが現状です。子どもの養育費が不払いになってから後悔しても遅いのです。調停離婚であれば必ず調停調書が作られ、不払いのときには法的手段がとれます。強制執行の前に履行勧告や履行命令といった裁判所が支払いを催促してくれる制度も利用できます。しかも公正証書より安く作成できるのも大きなメリットです。

さらに裁判所から、取り決め金額に関するアドバイスや「面会交流の仲介」や「DNA鑑定」など、個人の事情に合わせた情報を得ることもできます。

■協議離婚と調停離婚の違い

	協議離婚	調停離婚
費用	離婚の届出自体は無料 ただし公正証書を作る場合 5,000円～30,000円程度 （記載する金額による）	申立書に添付する収入印紙 1,200円分 連絡用の切手（額は要確認）
窓口	市区町村役所	家庭裁判所
債務名義	公正証書 （間接強制・直接強制が可能）	調停調書 （履行勧告・履行命令・間接強制・直接強制が可能）
話し合いの方法	夫婦で話し合う	調停委員らが間に入って話し合う
情報収集	自分たちで調べる	―
時間	話し合いがつけば簡単に離婚できる	半年～1年ほど時間がかかる （月1回程度で開催される）

＊調停の申し立てから離婚の成立まで

まずは家庭裁判所で「夫婦関係調停申立書」をもらってきましょう。裁判所HPからダウンロードしたり、裁判所の「家事手続き案内サービス」を利用してFAXで入手することも可能です。65ページにサンプルがあるので、参考にしながら記入してください。

記入が済んだら、相手の住居地を管轄する家庭裁判所か、あるいは夫婦がともに希望する家庭裁判所に申立書を提出します。申し立てには、ほかに戸籍謄本1通と収入印紙1200円分、郵便切手（金額は各裁判所に確認）も必要となります。

申し立て後、2週間～1か月ほどで、夫婦それぞれに裁判所から呼び出し状が届きます。通常、第1回目の調停日は申し立てから1～2か月後に指定されます。調停のときは、夫婦それぞれ30分くらいずつ、交替で調停委員と話をします。控室は別で、調停委員との話し合いも別々に進められますが、期日の最初と最後に夫婦双方の立会いのもと、調停委員から手続きや課題等の説明が行なわれます。もっとも、DV案件などでは、この立会いはしない扱いになっています。なお、調停はいつも平日の昼間に行なわれ、1回の調停は2時間ほどかかることが多いようです。

2回目以降の調停は、1か月くらいずつ間隔をあけて行なわれます。合意がまとまれば調停調書が作成され、離婚が成立します。後日、調書と離婚届などを住居地の役所の戸籍係に提出します。離婚届の記入方法については、76ページを参考にしてください。

調停は、月に一度のペースでしか行なわれないので、半年ほどかかる場合が多く、時間を短縮したい場合には、ある程度双方で話し合いをつけていく努力も必要です。

＊調停の注意点

調停委員が間に入ってくれるといっても「すべておまかせ」という態度ではうまくいきません。調停委員はあくまでも話し合いの調整に入ってくれるだけなので、調停の呼び出し日までに離婚を考えるに至った経緯や考えを紙に書いてまとめるなど、自分の気持ちをうまく調停委員に伝えられるようにイメージしておくとよいでしょう。

調停委員は基本的には中立の立場で話し合いを仲介しますが、中には自分の価値観を押し付けて相手方の味方のような話や態度をとる人もいます。要は相性の問題なので、いい印象を与えたほうが絶対に得です。調停委員と合わないと感じて嫌な思いをしないように、できれば初回調停で好印象を与えていい関係を築き、サポートしてもらえるように努力しましょう。

そのためには調停にのぞむときの身だしなみや言葉遣い、態度などに気配りする必要があります。服装、身だしなみは派手すぎず地味すぎず面接に向かうようなつもりで、清潔感のあるスーツやワンピースなどがお奨めです。アクセサリーなども控えめに。言葉遣いや態度は常識の範囲内で丁寧にし、流行語などをあまり使わないように注意しましょう。

調停に関するノウハウ本なども何冊か出ているので事前に読んでイメージしたり、不安でしたら離婚カウンセラーや弁護士に先に相談して、調停にのぞむ注意点や提出書類の書き方などを整理してから行くといいでしょう。

弁護士の同行や代理出席も可能ですが、家庭内暴力など裁判につながる可能性が大きいケースや財産分与などの金額が大きく複雑な場合以外は、調停では弁護士を依頼する必要はないかと思います。もし弁護士に依頼した場合も、ご自分も出席して主体的に取り組みましょう。

＊審判離婚について

調停がまとまらなかった場合、裁判所が審判により離婚を妥当とする決定をする場合があります。審判は裁判の判決と同じ効力をもちますが、夫婦どちらかが不服をもち異議申し立てを行なうと、効力を失います。

そのため、実際に審判離婚をする人はほとんどいません。

この申立書の写しは，法律の定めるところにより，申立ての内容を知らせるため，相手方に送付されます。

※　申立ての趣旨は，当てはまる番号（1 又は 2，付随申立てについては(1)～(7)）を○で囲んでください。
□の部分は，該当するものにチェックしてください。
☆　付随申立ての(6)を選択したときは，年金分割のための情報通知書の写しをとり，別紙として添付してください（その写しも相手方に送付されます。）。

申　立　て　の　趣　旨	
円満調整	関係解消
※ 1　申立人と相手方間の婚姻関係を円満に調整する。 2　申立人と相手方間の内縁関係を円満に調整する。	※ (1)　申立人と相手方は離婚する。 2　申立人と相手方は内縁関係を解消する。 （付随申立て） ((1))　未成年の子の親権者を次のように定める。 ……………………については父。 長男　大輔　については母。 ((2))（□申立人／☑相手方）と未成年の子が面会交流する時期，方法などにつき定める。 ((3))（□申立人／☑相手方）は，未成年の子の養育費として，1人当たり毎月（☑金　○○　円／□相当額）を支払う。 ((4))　相手方は，申立人に財産分与として，（☑金　○○　円／□相当額　）を支払う。 ((5))　相手方は，申立人に慰謝料として，（☑金　○○　円／□相当額　）を支払う。 (6)　申立人と相手方との間の別紙年金分割のための情報通知書（☆）記載の情報に係る年金分割についての請求すべき按分割合を，（□0.5　／　□（……………））と定める。 (7)

申　立　て　の　理　由	
同居・別居の時期	
昭和／(平成)　同居を始めた日…　○年　○月　○日	昭和／(平成)　別居をした日…　○年　○月　○日

申　立　て　の　動　機			
※当てはまる番号を○で囲み，そのうち最も重要と思うものに◎を付けてください。			
(1)　性格があわない	2　異性関係	3　暴力をふるう	4　酒を飲みすぎる
5　性的不調和	(6)　浪費する	7　病気	
8　精神的に虐待する	9　家族をすててかえりみない	(10)　家族と折合いが悪い	
11　同居に応じない	12　生活費を渡さない	13　その他	

夫婦（2/2）

■調停の申立書サンプル

この申立書の写しは，法律の定めるところにより，申立ての内容を知らせるため，相手方に送付されます。

受付印	夫婦関係等調整調停申立書　事件名（　　　　　　）
	（この欄に申立て１件あたり収入印紙１，２００円分を貼ってください。）
収入印紙　　円	
予納郵便切手　　円	（貼った印紙に押印しないでください。）

千葉　家庭裁判所 御中 平成 ○ 年 ○ 月 ○ 日	申立人 （又は法定代理人など） の記名押印	日実　花子　（日実）

添付書類	（審理のために必要な場合は，追加書類の提出をお願いすることがあります。） □ 戸籍謄本(全部事項証明書)　(内縁関係に関する申立ての場合は不要) □ （年金分割の申立てが含まれている場合）年金分割のための情報通知書 □	準口頭

申立人	本籍（国籍）	（内縁関係に関する申立ての場合は，記入する必要はありません。） 千葉 都道府(県) 市川市市川○丁目○号	
	住所	〒○○○-○○○○ 千葉県市川市市川○丁目○号　（　　　方）	
	フリガナ 氏名	ニチジツ ハナコ 日実花子	大正 昭和 (平成) ○ 年 2 月16日生 （ ○○ 歳）
相手方	本籍（国籍）	（内縁関係に関する申立ての場合は，記入する必要はありません。） 千葉 都道府(県) 市川市市川○丁目○号	
	住所	〒○○○-○○○○ 千葉県市川市市川○丁目○号　（　　　方）	
	フリガナ 氏名	ニチジツ タ ロウ 日実太郎	大正 昭和 (平成) ○ 年 10月12日生 （ ○○ 歳）
未成年の子	住所	☑ 申立人と同居　／　□ 相手方と同居 □ その他（　　　）	平成 ○ 年 5 月 3 日生
	フリガナ 氏名	ニチジツ ダイスケ 日実大輔	（　　歳）
	住所	□ 申立人と同居　／　□ 相手方と同居 □ その他（　　　）	平成　年　月　日生
	フリガナ 氏名		（　　歳）
	住所	□ 申立人と同居　／　□ 相手方と同居 □ その他（　　　）	平成　年　月　日生
	フリガナ 氏名		（　　歳）

（注）　太枠の中だけ記入してください。未成年の子は，付随申立ての(1)，(2)又は(3)を選択したときのみ記入してください。　□の部分は，該当するものにチェックしてください。

夫婦（1/2）

(942090)

2-7 判決離婚の手続きと流れ

調停でも離婚の合意ができなかった場合や、審判が異議申し立てにより無効になった場合は、裁判となります。先にも書いたとおり、調停を経ずに裁判を起こすことは原則できません(調停前置主義)。原則として裁判は公開で行なわれますが、裁判所が不適当と判断した場合には、非公開とされる場合もあります。

＊訴訟の起こし方から裁判の流れ

まず訴状を用意します。書式は家庭裁判所や、裁判所のＨＰで入手できます。

訴状には、離婚の原因や、合意できない問題(親権や慰謝料など)を記入する欄があります。離婚自体の合意ができているものの、ほかの問題で折り合えないという場合も、裁判の場合には必ず、認められる離婚理由(44ページ参照)が必要となるので、注意してください。14ページからを参考にして弁護士を見つけ、相談しながら訴状を記入するとよいでしょう。

訴状(2部)が完成したら、戸籍謄本とそのコピー、調停不成立証明書、収入印紙(額は請求金額によるので裁判所に確認)、郵便切手(金額は裁判所に確認)、その他証拠となる書類(源泉徴収票や預金通帳など)のコピー(2部)とともに提出します。提出先は、基本的に夫か妻どちらかの居住地の家庭裁判所ですが、その他の家庭裁判所で調停を行なった場合は、そこで受け付ける場合もあります。

裁判にはお金がかかると思っている人が多いですが、実際に大きいのは弁護士の費用です(144ページ参照)。裁判自体にかかる費用は、訴状を出すときに添える収入印紙代くらいで、これは1万3千円~10万円以内で済む場合がほとんどです(請求金額による)。

裁判が始まってからは、弁護士と相談しながら対応していくことになるので、ここでは詳細な説明を省きます。離婚原因を証明する証拠などを揃えて、裁判にのぞみましょう。

最終的に裁判官が離婚を認めれば「判決書」が出されるので、この謄本と「判決確定証明書」とともに離婚届を提出します。もし裁判の途中で両者が歩み寄って和解したり、相手が条件をのんだりした場合は、それぞれ「和解調書」「認諾調書」が作られるので、これらの謄本とともに離婚届を提出します。離婚届の記入方法については、76ページを参考にしてください。

なお、離婚の判決が出た場合も出なかった場合も、どちらかに不服があれば、高等裁判所に控訴することになります。

先輩ひとり親に聞け！

――離婚するときの注意点

❖経験から言える離婚のアドバイス

〈離婚の話し合いについて〉

●話し合うのもイヤになっていたので、条件を妥協してしまいました。もう少しねばればよかったとあとで後悔したので冷静に話し合うことをお奨めします。（さきさん・兵庫県）

●とにかく早く離婚したくて、向こうの条件をのむような形で離婚しましたが、養育費をもらえるよう、頼んでおけばよかった。（あやさん・北海道）

●養育費の平均額を調べておき、こちらの意見を強く主張すればよかった。（カッツさん・東京都）

〈養育費について〉

●養育費の取り決めは子どもたちのためにも口約束を避けて、きちんと公正証書にすることをお奨めします。（こずえさん・東京都）

●再婚時の養育費まで決めていなかったが、20歳までは絶対！と念を押すべき。（ハルさん・大阪府）

●養育費は、子どものもの。決して、母親の感情で拒否してはいけません。（makoさん・北海道）

●養育費の取り決めを口約束にしたため、現在不履行状態ですが、法的手段が取れず困っています。協議離婚の際は、しっかり公正証書を作成することです。（きこさん・千葉県）

●養育費を決めるとき、相手の両親が「もしこの子（元夫）が払えないときは私たちが代わって払います」と言っていたので、そ

の一文も証書に入れておけばよかった。(さやかさん・茨城県)

●養育費の支払いについて連帯保証人をつければよかったと思いました。(くま吉さん・神奈川県)

●養育費は「20歳まで」としましたが、「大学を卒業するまで」にしておけばよかったです。(さきさん・兵庫県)

●養育費は、子どもの節目(入学等)のときに増額してもらえるよう話し合うといいと思います。(Qooさん・北海道)

●調停調書があるので、養育費が滞ったときも裁判所が催促や強制執行をしてくれるので楽です。(まりもさん・東京都)

●調停調書にしたが、相手が支払能力なしで行方不明になればただの紙切れです。居場所は常にわかるようにしておきましょう。(ママももぶたさん・千葉県)

〈公正証書について〉

●証書を作りましたが、夫は仕事を辞めて行方不明となったので、強制執行ができず、養育費も慰謝料も払ってもらえませんでした。結婚中に取れるものは取っておけばよかった。(匿名・神奈川県)

●証書を作るのに5万円近くかかってしまった。もらうお金(証書に書く金額)が多い場合は、意外とお金がかかるので注意して。(なまこさん・青森県)

●公証役場に行く前に、子どものためにお互いできること、必要なことを整理してから行ったのでスムーズだった。(匿名・千葉県)

●ネットなどで調べながら離婚協議書を自分で作成して、公証役場に行きました。一度だけ司法書士の方に相談に行きましたが、専門家に頼むと協議書作成だけでも結構な金額が必要になるようです。自分ですることをお奨めします。(しもさん・東京都)

●養育費について、金額や期間（20歳まで）を夫婦で相談していたが、公正証書を作るとき、公証人が「子どもひとり2万か3万、18歳まで」と言い切ったので、言うとおり作成してしまった。自分の考えを貫けばよかった。（こずえさん・東京都）

〈調停について〉

●調停は、なるべく離婚原因の材料を揃えておく。こちらの意思を明確に伝える。調停委員の方にあまり不快な印象を与えないように配慮する。（rinamamaさん・愛知県）

●父親が親権をもちましたが、私が養育するので戸籍は私に入れたい（父親も了承済み）と調停委員に伝えたところ「できない」と言われ、籍を移せなかった。あとで市役所から家裁に問い合わせてもらったところ「できる」と判明。疑問があれば鵜呑みにしないで調べましょう。（ポケユメさん・東京都）

●調停委員でも、中には間違った情報を与える人がいます。疑問があれば自分で調べましょう。（ママももぶたさん・千葉県）

〈戸籍や姓の変更手続きについて〉

●やらなくてはいけない手続きをまずすべて書き出し、順番を考えて上手に段取ってください。（さやかさん・茨城県）

●離婚するとき親権が自分にあっても、子どもの籍は旦那の戸籍に入ったままです。それを抜く手続きを忘れないように。（mamaさん・大阪府）

●離婚時に親の戸籍にもどったら、あとで子どもの籍を一緒にできず、結局新しい戸籍を作り直した。手続きに1か月くらいかかってうんざり。（れさん・千葉県）

●裁判所が不便な場所にあったうえ、持参した戸籍謄本が違うと言われ（電話で確認していたのに）二度足を運ばなければならず、とても腹が立ちました。二度手間にならないように念を入れて

確認を！（さきさん・兵庫県）

- 最新の戸籍に別れた配偶者の名や「離婚」の文字が出ないようにしたければ、離婚後の戸籍をひとまず仮に作り、そのあとまた転籍すればよい（過去の戸籍が消せるわけではない点は注意）。（ぎょさん・千葉県）

〈慰謝料・財産分与について〉

- 慰謝料はいらないと言ったけれど、養育費が振り込まれなくなったので、先にもらえるものをもらっておけばよかった。（べるさん・岐阜県）
- 財産分与を分割払いにしたら、支払いが止まってしまった。一括でもらっておけばよかった。（エミさん・北海道）
- 相手の財産を把握しておくこと。相手が勝手に財産を処分できないようにしておくこと。（本家かなさん・千葉県）

〈面会交流について〉

- 離婚後、週に一度は父親と会わせるようにしました。そこから月に二度、月に一度というふうに回数を減らしていきました。離婚直後は子どもが「父親から見放された」と感じて情緒不安定になりやすいので、「愛されている」と確信をもつまでは、信頼関係を作る時期が必要に思います。（まりんさん・東京都）
- 面会交流についてはっきり決めなかったので、あとになって会わせろと言ってこられて困っています。（おすぎさん・長野県）
- 子どもとの面会について明確に取り決めなかったため、夫が引き取った子と会うことがままならず、子どもも不安に思っているようです。月1回や2回と、明確に定めるべきでした。（soraさん・茨城県）
- 面会について、どこで会うか、どちらが送迎するか、など決めておいたほうがスムーズかと思います。（タップさん・東京都）

●年齢を重ねるごとに面会前後に不安定になるので、約束をしたから会わすというものではない。子どもの将来や気持ちを考え、条件を変えていくことまでも約束しておいたほうがいいかもしれません。（みぃさん・大阪府）

●子どもが小さい頃は、面会の日時や場所を決めるため元夫と連絡をとるのがストレスでしたが、子どもに携帯をもたせて元夫と直接やりとりしてもらうようにしてからは、だいぶラクになりました。（タコさん・千葉県）

●なるべく相手をもち上げるようにして予定を聞き、子どもが一緒にやりたいことなど、会う目的を話して、面会させています。（ウェッティさん・東京都）

●会って楽しく帰ってきたら、よかったね、と声かけする。次はいつ会えるか促す。会いたいって想いを自然に伝えられるように毎日別居親の話題を出す。（れいこさん・東京都）

●子どもが嫌がることをしないことと、離婚した相手の悪口は絶対言わない。（ちゃうさん・神奈川県）

〈その他のアドバイス〉

●ＤＶで身を隠していたのですが、裁判所がうっかりして、判決書に私の住所を記載してしまいました。それまで役所や各機関が注意して守ってくれていた個人情報が相手に渡ってしまい愕然……。自分の新住所を相手に知られたくない場合、しつこく何度もしっかり伝えていないと見逃されてしまうことがあるようです。注意してください。（のばらさん・東京都）

●子どもが片方の親から見離されたと思わないように、そのためにはどうしたらいいのかを、相手ととことん話し合うことが大事だと思います。親同士が別れることは仕方ないけれど、子どもにとってはつらいことなので、せめて両方の親から愛情を注がれているという自信だけはもたせてあげるのが、親としての最低限の役割だと思います。（まりんさん・東京都）

●なんでも自分ひとりでできるようになること、が真の自立ではない、ということ。それは自立ではなく孤立です。助けてほしいとき、困っているとき、助けて、と言える大人になりましょう。（彩さん・東京都）

❖離婚をする時期はいつがいい？

アンケートの結果、最も多かったのは「時期なんか選べなかった！」という回答でした。次に多かった離婚時期が「3月」と「10月」でした。「3月」は「苗字が変わるので子どもの入学、進級に合わせた」などの理由からうなずけるような気がします。「10月」は多かったわりに、とくに理由はないという回答がほとんどでしたが、夏の間は調停頻度が減る（家裁の夏休み）ので秋になってから一気に話し合いがつくケースが増えるのではないかと思われます。

仕事をもっている方は年をまたいで1月に離婚するよりも、年末までに離婚を成立させたほうが税金が戻ってくる額が大きいのでお得です。扶養控除と寡婦控除で還付金が戻ってきます。また、保育料や公営住宅の家賃などは前年度の納税額で決まりますので、戻ってくる還付金だけではなく次年度の生活のメリットになります。

そうは言ってもなかなか時期まで考えて計画的に離婚できないとは思いますが、せっかくこの本を読んでいる読者の方にはお得な離婚をしてもらいたいのでお伝えしておきますね。

2-8 離婚届の入手方法と届出窓口

離婚届は、どこの市区町村役所でもらってもかまいません。戸籍を扱う窓口に行けば渡してくれます。本籍地でない役場に出す場合、2〜3通必要になる場合があります。書き損じを考慮して、さらに何枚か余分にもらっておくと安心でしょう。届出用紙をダウンロードできる市区町村のＨＰもありますが、Ａ3の用紙に印刷しなければいけないので、注意してください。

離婚後も婚姻中と同じ姓を使いつづける場合は、「離婚の際に称していた氏を称する届」を、一緒にもらっておくといいでしょう。

＊なるべく本籍地の役所に提出する

離婚届の提出は、届け出する人の本籍地、または所在地の市区町村役所で行ないます。もし本籍地以外で届を出す場合は、夫婦両者の戸籍謄本も必要なので、あらかじめ用意しておいてください。本籍地が遠い場合は、郵送で取り寄せておいてもいいでしょう（49ページ参照）。

協議離婚の場合、離婚届は夫婦2人で提出しても、どちらか1人が提出しても、どちらでもかまいません。身分証明を求められることがあるので、免許証や保険証をもっていくとよいでしょう。1人で行く場合は、訂正があったときのため、できれば2人分の印鑑をもっていき、行かないほうの人には捨印も押してもらっておくのがお奨めです。

調停離婚や判決離婚の場合は、通常は調停を申し立てたほう、または訴訟を起こしたほうが届を提出します。調停調書の謄本、判決書の謄本と判決確定証明書も添えます。

＊時間外や郵送による提出が可能

役所の窓口が開いているのは平日の9時から5時前後ですが、それ以外の時間でも、離婚届を提出することは可能です。郵送で提出してもかまいません。

もし年金などの手続きで「離婚届受理証明」が必要な場合は、窓口が開いているときに離婚届を提出して、同時に「受理証明」を申請・入手しておくといいでしょう。

なお、離婚届を出したら、同時に子どもの姓や戸籍を変える手続きも済ませてしまいたいところですが、残念ながら、これはすぐにはできません。「子の氏の変更許可申立書」を家庭裁判所に提出する際は、離婚後の親の戸籍謄本が必要となりますが、この謄本を取れるようになるまで、役所内での手続きに少し時間がかかるからです。とくに戸籍を別の市区町村に移す場合は、戸籍謄本を取れるようになるまで1～2週間かかってしまうので、ご注意ください。

2-9

離婚届の記入の仕方

離婚届を記入する際の注意点を確認しておきましょう（記入例78〜79ページ参照）。

＊「婚姻前の氏にもどる者の本籍」「未成年の子の氏名」の欄の書き方

離婚の際は、結婚するときに姓を変えたほう（妻の場合が多い）が籍を抜ける決まりになっています。籍を抜けるほうは「もとの戸籍にもどる」のか「新しい戸籍をつくる」のか、それぞれ選んでチェックを入れます。

このとき、籍を抜けるほうの親が子どもをひきとる場合は「新しい戸籍をつくる」を選んでください。１つの戸籍には3世代以上入れないという決まりがあるので、自分がもとの戸籍（自分の親が筆頭者）に戻ってしまうと、あとで子どもの籍を自分と同じ籍にうつすことができません。

籍を抜けても、婚姻中の姓を名乗り続けることは可能です。その場合は「婚姻前の氏にもどる者の本籍」の覧に何も記入せず、「離婚の際に称していた氏を称する届」という用紙を別に提出します。離婚後3か月以内であれば、あとからでも提出できますが、本籍地以外で提出する場合は、戸籍謄本が必要です（本籍地なら不要）。

婚姻前の姓を称することにしても、自分が筆頭の戸籍に親権者となる子どもを入れるためには、子の氏の変更許可の審判が必要です（90ページ参照）。

次に「未成年の子の氏名」の欄は、「夫が親権を行う子」「妻が親権を行う子」のどちらかに、未成年の子どもの氏名を記入します（96ページ参照）。

＊「届出人」「証人」の欄の書き方

届出人の欄は、夫婦で別の印を使って捺印します。協議離婚以外の場合は、どちらか一方（調停申立人、または裁判の原告）だけが署名捺印すればＯＫです。

協議離婚の場合、証人は必ず2名必要です。親や兄弟に頼む人が多いですが、20歳以上の人であれば誰でも構いません。どちらか一方の親夫婦など、同じ姓の2人が証人になる場合は、それぞれ別の印鑑を押してもらってください。調停や判決離婚の場合は、証人は不要です。

＊「養育費」「面会交流」の取り決め記入欄

「養育費」と「面会交流」について夫婦間で事前に取り決めをしたかどうかを記すチェック欄があります。「まだ決めていない」としても受理されますが、話し合ってできるだけ取り決めましょう。なおここで「取決めをしている」にチェックを入れても、債務名義（１０３ページ参照）の代わりにはならないので（強制力はなし）、注意してください。

記入の注意

鉛筆や消えやすいインキで書かないでください。

筆頭者の氏名欄には、戸籍のはじめに記載されている人の氏名を書いてください。

この届書を本籍地でない役場に出すときは、戸籍謄本または戸籍全部事項証明書が必要です。
そのほかに必要なもの　調停離婚のとき→調停調書の謄本
審判離婚のとき→審判書の謄本と確定証明書
和解離婚のとき→和解調書の謄本
認諾離婚のとき→認諾調書の謄本
判決離婚のとき→判決書の謄本と確定証明書

証人（協議離婚のときだけ必要です）		
署名 押印	日実　健太　㊞	市谷　良作　㊞
生年月日	○年　○月　○日	○年　○月　○日
住所	千葉県市川市市川○丁目 ○番地 ○番 ○号	東京都新宿区市谷本村町 ○番地 ○番 ○号
本籍	千葉県船橋市本町○丁目 ○番地 番	東京都千代田区永田町 ○番地 番

□には、あてはまるものに☑のようにしるしをつけてください。

→今後も離婚の際に称していた氏を称する場合には、左の欄には何も記載しないでください（この場合にはこの離婚届と同時に別の届書を提出する必要があります。）。

→同居を始めたときの年月は、結婚式をあげた年月または同居を始めた年月のうち早いほうを書いてください。

届け出られた事項は、人口動態調査（統計法に基づく基幹統計調査、厚生労働省所管）にも用いられます。


未成年の子がいる場合は、次の□のあてはまるものにしるしをつけてください。

（面会交流）
☑取決めをしている。
□まだ決めていない。
（養育費の分担）
☑取決めをしている。
□まだ決めていない。

（未成年の子がいる場合に父母が離婚をするときは、面会交流や養育費の分担など子の監護に必要な事項についても父母の協議で定めることとされています。この場合には、子の利益を最も優先して考えなければならないこととされています。）

- **署名は必ず本人が自署してください。**
- **印は各自別々の印を押してください。**
- **届出人の印を御持参ください。**

日中連絡のとれるところ
電話（　　　）
自宅　勤務先　呼出（　　　　方）

離婚によって、住所や世帯主が変わる方は、あらたに住所変更届、世帯主変更届の手続きが必要となりますので、ご注意ください。

なお、離婚届と同時にこれらの届を出すときは、住所、世帯主欄は、変更後の住所、世帯主を書いてください。

就業時間以外（土曜日、日曜日、祝日等）の住民異動届は受付できませんので後日届出願います。

■離婚届サンプル

離 婚 届

平成　年　月　日届出

長 殿

受理 平成　年　月　日 第　　号	発送 平成　年　月　日
送付 平成　年　月　日 第　　号	長印

書類調査	戸籍記載	記載調査	調査票	附票	住民票	通知

		夫		妻	
	（よみかた）	にちじつ	たろう	にちじつ	はなこ
(1)	氏名	氏 日実	名 太郎	氏 日実	名 花子
	生年月日	○年10月12日		○年2月16日	
	住所（住民登録をしているところ）	千葉県市川市市川○丁目 ○番地 ○号		同左 番地 番 号	
		世帯主の氏名 日実 太郎		世帯主の氏名 同左	
(2)	本籍（外国人のときは国籍だけを書いてください）	千葉県市川市市川○丁目 ○番地			
		筆頭者の氏名 日実 太郎			
	父母の氏名 父母との続き柄（他の養父母はその他の欄に書いてください）	夫の父 日実 健太	続き柄	妻の父 市谷 良作	続き柄
		母 陽子	長男	母 優子	長女
(3)(4)	離婚の種別	✔協議離婚 □調停　年　月　日成立 □審判　年　月　日確定		□和解　年　月　日成立 □請求の認諾　年　月　日認諾 □判決　年　月　日確定	
	婚姻前の氏にもどる者の本籍	□夫 ✔妻 は □もとの戸籍にもどる ✔新しい戸籍をつくる			
		東京都新宿区市谷本村町○番地		筆頭者の氏名 市谷 花子	
(5)	未成年の子の氏名	夫が親権を行う子		妻が親権を行う子 日実 大輔	
(6)(7)	同居の期間	平成○年○月から（同居を始めたとき）		平成○年○月まで（別居したとき）	
(8)	別居する前の住所	番地 番 号			
(9)	別居する前の世帯のおもな仕事と	□1. 農業だけまたは農業とその他の仕事を持っている世帯 □2. 自由業・商工業・サービス業等を個人で経営している世帯 □3. 企業・個人商店等（官公庁は除く）の常用勤労者世帯で勤め先の従業者数が1人から99人までの世帯（日々または1年未満の契約の雇用者は5） □4. 3にあてはまらない常用勤労者世帯及び会社団体の役員の世帯（日々または1年未満の契約の雇用者は5） □5. 1から4にあてはまらないその他の仕事をしている者のいる世帯 □6. 仕事をしている者のいない世帯			
(10)	夫妻の職業	（国勢調査の年・・・　年・・・の4月1日から翌年3月31日までに届出をするときだけ書いてください） 夫の職業		妻の職業	
	その他				
	届出人 署名押印	夫 日実 太郎 ㊞（日実）		妻 日実 花子 ㊞（日実）	
	事件簿番号				

婚姻中の氏で署名押印してください。

字訂正 字加入 字削除	
届出印	

住定年月日	
夫	・　・
妻	・　・

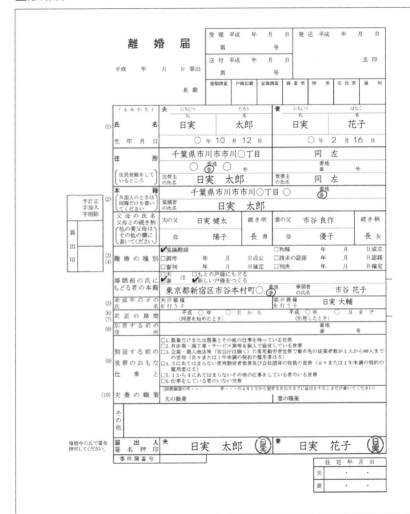

2-10 お金のことは公正証書（債務名義）に

協議離婚の場合、養育費や面会交流、財産分与や慰謝料などについて、夫婦で話し合って決めます。調停や判決離婚と違い、決まったことについて何も証拠が残らないので、将来約束が守られない危険があります。

夫婦で決めたことを証拠として残すためには、必ず書面を作っておきましょう。とくに養育費などお金に関する内容については、万が一支払いの約束が守られなかったとき、調停や裁判をしなくても取り立てできるように「執行認諾文言付き」（強制執行に服しますと書いてある）の公正証書を作っておきます。また面会交流についての取り決めなども、公の証拠となるよう一緒に記載しておくといいでしょう。証書を作るタイミングは、離婚の前でもあとでも構いませんが、なるべく届を出す前に済ませておいたほうが安心です。

公正証書なんてめんどうだ、と思うかもしれませんが、それほど複雑なものではありません。どのように作成するのか、手順を見ていきましょう。

①夫婦で話し合って決めた内容を、覚書にする

83ページに覚書のサンプルを掲載してあるので、これを参考にしながら、夫婦で話し合って決めたことを紙に書き出してみてください。手書きでもパソコンで打ち出したものでも、

なんでも構いませんが、あとで証書を作るときに使うので、他人が見てもわかりやすいようにまとめておきましょう。

話し合って決めた内容が妥当なものか判断がつかないときや、疑問があるときは、弁護士、司法書士等に相談されることをお奨めします。

↓

②覚書をもって公証役場に行く

公証役場は全国に約300か所ありますが、どこに行ってもかまいません。インターネットや電話帳で、行きやすい場所にある公証役場を調べましょう。事前に電話をかけて、必要な持ち物や手順の確認を。なお、公証役場はどこも平日の日中しか開いていないので、注意してください（日本公証人連合会HP→http://www.koshonin.gr.jp/）。

公証役場に行ったら、①で作成した覚書や、必要書類などを渡してきます。このとき、夫婦そろって行く必要があるかどうかは役場によって異なるので、事前に確認しておきましょう。確認や修正があれば、その後電話などで何度かやりとりをして、証書を完成してもらいます。

↓

③公正証書を取りに行く

証書を受け取る際は、夫婦2人で行くのが原則ですが、役場によっては行政書士など代理人でも受け付けます（ただし、1人につき代理人も1人）。証書が完成したと連絡が来たら、夫婦は各自、本人確認書類や印鑑など、指定された持ち物を用意して公証役場に行きます。

まず、完成した公正証書の内容を確認し、夫婦（または代理人）が署名捺印します。原本は役場に保存され、夫婦にはそれぞれ正本、または謄本が渡されます。作成費用は証書に記された金額によって決まり、記載金額が高いほどお金がかかります（85ページの表を参照）。公正証書の受け取りにかかる時間は、およそ30～40分ほどです。

覚書を渡してから証書ができるまでには、3週間～1か月前後かかることが多いようです。ただし、公証役場によっても異なり、また混んでいる時期は長く時間がかかることもあるので、ご注意ください。

■覚書メモのサンプル

離婚の覚書

夫…河本冬彦
妻…河本夏美
子…河本春香（〇〇年6月8日生まれ）
河本秋佑（〇〇年12月21日生まれ） ★1

★1 家族全員の名前を書いておく。子どもは生年月日も必要。

○離婚について

- 夫（河本冬彦）と妻（河本夏美）は、協議離婚する

○子どもに関すること ★2

- 子ども2人の親権は妻がもち、離婚後は妻がひきとって育てる
- 子どもの養育費として、1人につき毎月〇万円、夫が妻の口座に振込む（〇〇〇銀行　〇山支店　普通〇〇〇〇〇〇〇　河本夏美、離婚後は村上夏美）
期間は離婚届を出す〇年〇月から、それぞれの子どもが22歳になる月まで（春香は2023年6月分、秋佑は2026年12月分まで）
- 振込手数料は夫が負担する
- 養育費は、夫と妻それぞれの事情が変わったときや、子どもの進学のときに、また相談する
- 子どもは月1回程度、父親と会う。場所や時間は、夫と妻がそのつど相談して決める

★2 親権や養育費、面会交流について書いておく。
養育費の金額や支払い期間、振込口座など、なるべく詳しく。
親権と監護権を分ける場合は（98ページ参照）、そのことも入れる。

○大人に関すること ★3

- 夫は妻に慰謝料として〇〇万円を、毎月〇万円ずつ分割で払う（〇年〇月から〇年〇月まで、養育費といっしょに毎月1日〇〇〇銀行に振込）
- 振込手数料は夫が負担する
- 夫は妻がたてかえた別居中の生活費3か月分として、〇〇万円を〇年〇月までに払う（〇〇〇銀行に振込）
- 貯金〇〇万円は夫婦で半額（〇〇万円）ずつ分ける
- 夫は妻にマンションを明け渡す ★4

○その他

- お互い住所が変わるときは知らせる
- 以上の内容で、「執行認諾文言付き公正証書」を作る

★3 慰謝料（和解金）や婚姻費用、財産分与について書いておく。
★4 不動産を財産分与する場合は、登記簿謄本や固定資産の評価証明も公証人にわたす。

■公正証書のサンプル

平成[redacted]年第　３４８　号

離婚給付契約公正証書　**正本**

本公証人は，当事者の嘱託により，法律行為に関する陳述の趣旨を記載して，この証書を作成する。

当事者[redacted]（以下甲という）と，当事者[redacted]（以下乙という）は，平成[redacted]年10月12日，次のとおり離婚給付契約を締結した。

第１条　甲と乙は，離婚することに合意し，平成[redacted]年10月12日，乙は協議離婚届出用紙２通に各署名押印してこれを甲に交付し，甲は速やかにこれを所轄役所に提出する。

第２条　甲と乙は，甲乙間における長男[redacted]（平成[redacted]年[redacted]月[redacted]日生，以下丙という）の親権者及び監護養育者を甲と定める。

第３条　乙は甲に対し，丙の養育費として平成[redacted]年10月から同人が満20歳に達する日の属する月まで毎月金３万5000円宛，当月分を毎月７日限り，甲指定の銀行口座（株式会社[redacted]銀行[redacted]支店，普通預金，口座番号[redacted]，名義人[redacted]）に振り込む方法により支払う。

第４条　甲及び乙は，社会情勢の変化，物価の変動，丙の進学状況等により，養育費の

公証人役場

※公正証書のイメージとして載せています。
内容は人によって様々ですので参考程度にご覧ください。

■証書作成費用の計算表

証書に記載された金額	手数料
100万円以下	5,000円
100万円超～200万円以下	7,000円
200万円超～500万円以下	11,000円
500万円超～1,000万円以下	17,000円
1,000万円超～3,000万円以下	23,000円
3,000万円超～5,000万円以下	29,000円
5,000万円超～1億円以下	43,000円

（1億円を超える場合は省略）

○子どもに関わる分（養育費）と大人に関わる分（慰謝料や財産分与）を分けて、それぞれの手数料を計算し、両方を足した額が支払い手数料となります。

○養育費は実際の支払いが10年以上でも、10年分の金額で計算します。
例／毎月4万円の場合
4万×12か月×10年＝480万円
→手数料は1万1000円

○このほか、正本と謄本それぞれの作成費用（各1通につき1500円）等の手数料が加算されます。

2-11 保育園や小中学校の入転園、転校手続き

離婚にともなって引越しをしたり、仕事を始める場合には、子どもの学校の転校や保育園の入園、転園の手続きが必要になります。主な手続き方法をまとめたので、参考にしてください。ただし、それぞれの自治体ごとにやり方が異なるので、必ず居住地の市区町村役所によく確認しましょう。

なおここでは、公立の小中学校、学童保育、認可保育園の入転園手続きの例を紹介します。私立の学校や認可外保育園については、それぞれの学校・保育園に問い合わせてください。

＊公立の小・中学校の転校手続き・学童保育の申し込み

まずは今通っている学校に、いつどこへ転校するか伝えましょう。転校時に、学校から「在学証明書」と「教科用図書給与証明書」を渡されます。次に、引越し先の市区町村役所に転入届を提出すると、通知書が発行されます。この通知書と前の学校でもらった証明書類を、転入先の学校にもっていけば手続きは完了です。同じ市区町村内の学校に転校する場合も、手続き方法は大体同様です。

子どもが小学生の場合には、放課後や長期休み中に児童を預かってくれる学童保育（自

治体によって名称は異なる）の申し込みも必要です。申込窓口や必要な書類は自治体によって異なるので、まずは役所に問い合わせてみましょう。4月入所の受付時期は、11～2月頃が多いようです。なお、待機児童が多い場合は、低学年の子どもや、必要性が高いと判断された家庭の子どもが優先されます。

＊保育園等の申し込みをする

保育園や子ども園などの保育を利用する場合は、役所の窓口、あるいは園に直接、入園申し込みをします。提出書類は自治体によって異なりますが、①「入園申請書」、②「就労（内定）証明」、③「所得に関する書類（前年や前々年の所得がわかるもの）」はほぼ共通で、このほか世帯状況の申告書など、様々な書類を求められることがあります。

②「就労（内定）証明」は、勤務先に記入してもらうか、自営の場合は自分で記入します。

③「所得に関する書類（前年や前々年の所得がわかるもの）」は、源泉徴収票、確定申告書の控え、課税または非課税証明書などといったものですが、ケースによって異なるので、それぞれよく確認してください。税書類は、子どもをひきとるほうの親の分だけでかまいませんが、実家に住む場合は同居者の分まで求められる場合もあります。なお、所得に関する書類は児童扶養手当の申請などにも必要となるので、もし共通の場合は必要となる分を一度に用意しておけると手間が省けます。

入園の申し込みは、離婚前や別居の段階でも、必要がわかった時点でなるべく早めに行なっておきましょう。ひとり親家庭は比較的優先されやすいですが、それでも自治体や時期によっては待機児童数が多く、待たなければならない場合があります。4月入園の場合、10〜12月頃に受け付ける自治体が多いようです。

＊保育園の転園手続き

ほかの市区町村の保育園に転園する場合は、現在の市区町村役所の担当窓口、または保育園に退園届を出し、引越し先の市区町村で入園申請をします。申請の際に提出する書類は、入園申請の場合と同様です。もし、引越し前の自治体で取得する書類（前年度の課税証明など）が必要な場合は、転出届を出す際などにとっておくとあとで楽です。

転園の時期や自治体によっては、引越し前の自治体の窓口が、引越し先の保育園の仮入園申請を代理で行なってくれることがあるので、まずは現在の窓口に問い合わせてみるといいでしょう。同じ市区町村の中で転園する場合は、自治体によりますが、転園申込書や就労証明書などを提出します。

＊自治体によって異なる、保育料・保育時間・待機児童数

保育料は、基本的に世帯の課税額が多いほど高く、子どもの年齢が上がるほど安くなり

ます。生活保護世帯は無料です。保育料の算出方法は、自治体ごとにかなり異なるので、それぞれの自治体に問い合わせましょう。自治体や税額によっては、1か月の保育料に1万円以上差が出ることもあるので、引越し先を選ぶときは気をつけたいところです。待機児童数や入園まで待たされる時間も自治体や保育園によって異なるので、要注意です。延長保育の時間や料金についても、自治体に確認してください。

ほとんどの自治体は、基準表に基づいて入園の優先順位を決めています。もし入園を待たされる場合は、担当窓口に窮状を訴える手紙を渡すなどアピールしてもいいでしょう。先に認可外保育園に入れておくことも、優先基準になることが多いようです。求職中の人は、すでに仕事をしている人より優先順位が低くなるので、パートや内職でも、何らかの仕事をしておいたほうが入りやすくなるでしょう。基準表を公開していることもあるので、自治体のホームページを確認してみてください。

＊保育園の入園前に準備したいこと

入園時には布団カバーやパジャマなど様々な用意が必要になります。事前に確認して慌てないように準備しておきましょう。

集団生活が始まると、様々な病気を保育園からもらってくるようになります。長期に働けなくなる事態を避けるためにも、予防注射は早めに忘れずに受けておきましょう。

2-12

子どもの姓や戸籍の変更手続き

離婚届を出せば、親（結婚時に姓を変えたほう）の姓や戸籍は変更されますが、子どもの姓や戸籍は以前のまま変わりません。自分と同じ戸籍や姓にするためには、別の手続きが必要です。手順を見ていきましょう。

＊「子の氏の変更許可申立書」を裁判所に、「入籍届」を役所に提出する

「離婚届の記入」（76ページ参照）で説明したとおり、離婚する際、婚姻中の籍を抜けるほうの親が子どもをひきとる場合は、新しく戸籍を作っておきます。

次に「子の氏の変更許可」を申し立てますが、これは役所ではなく、子どもの住所地を管轄する家庭裁判所で行ないます。まずは家庭裁判所で申立書をもらってきましょう。裁判所ＨＰで申立書を入手することも可能です。

提出時には、子どもの今現在の戸籍謄本（全部事項証明書）と、転籍先（新しく作ったほう）の戸籍謄本（全部事項証明書）、収入印紙８００円分（申立書に貼る）、郵便切手（金額は各裁判所に確認）を添付します。先にも書いたように、離婚届を出してから新しい戸籍謄本を取れるようになるまでには少々時間がかかるので、注意しましょう。

申立書を出すと、通常1週間～10日ほどで、変更を許可する審判書の謄本が郵送されて

きます。家庭裁判所によっては、謄本を即日発行してくれるところもあるので、事前に確認してみてください。

次に市区町村役所で「入籍届」を提出します。審判書の謄本と、自分の印鑑と、もし転籍先以外の役所に入籍届を出す場合は転籍先の戸籍謄本ももっていきます。

■子どもの姓・戸籍の変更手続き

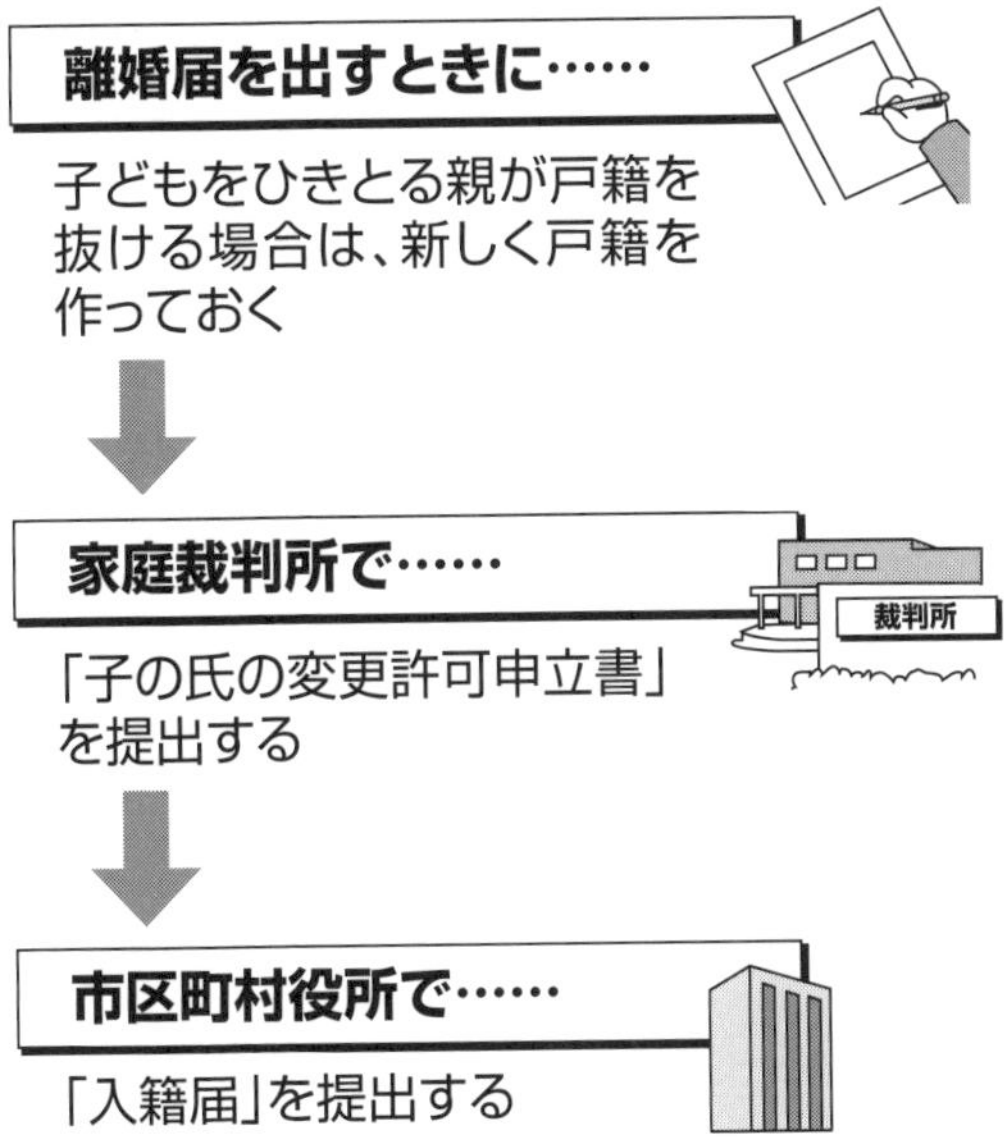
離婚届を出すときに……
子どもをひきとる親が戸籍を抜ける場合は、新しく戸籍を作っておく
家庭裁判所で……
裁判所
「子の氏の変更許可申立書」を提出する
市区町村役所で……
「入籍届」を提出する

以上で手続きは完了です。

離婚後も婚姻中と同じ姓を使う（「離婚の際に称していた氏を称する届け」を提出する）場合も、子どもを同じ戸籍に入れるためには、同様の手続きが必要です。

子どもをひきとらない側の親の戸籍に子どもが残っても問題はありませんが、居住地が遠い場合に子の戸籍の取寄せに時間がかかるなど、生活上不便な場合があります。

申　立　て　の　趣　旨
※ 申立人の氏（ 日実 ）を ①母 2 父 3 父母 の氏（ 市谷 ）に変更することの許可を求める。

（注）　※の部分は，当てはまる番号を○で囲み，（　）内に具体的に記入してください。

申　立　て　の　理　由
父・母と氏を異にする理由
※ ①父母の離婚　　5 父の認知 2 父・母の婚姻　　6 父(母)死亡後，母(父)の復氏 3 父・母の養子縁組　　7 その他（　　） 4 父・母の養子離縁 （その年月日　平成○年○月○日）
申立ての動機
※ ①母との同居生活上の支障　　5 結婚 2 父との同居生活上の支障　　6 その他（　　） 3 入園・入学 4 就職

（注）　太枠の中だけ記入してください。　※の部分は，当てはまる番号を○で囲み，父・母と氏を異にする理由の7，申立ての動機の6を選んだ場合には，（　）内に具体的に記入してください。

※子どもが15歳以上の場合は、法定代理人は不要です。

子の氏（2/2）

■子の氏の変更許可申立書サンプル（15歳未満の場合）

受付印	**子の氏の変更許可申立書**
	（この欄に申立人１人について収入印紙800円分を貼ってください。） （貼った印紙に押印しないでください。）
収入印紙 円	
予納郵便切手 円	

準口頭		関連事件番号 平成 年（家 ）第 号

東京 家庭裁判所 御中 平成 ○ 年 ○ 月 ○ 日	申立人（15歳未満の場合は法定代理人）の記名押印	日実大輔法定代理人 市谷 花子 （印）

添付書類	（同じ書類は１通で足ります。審理のために必要な場合は，追加書類の提出をお願いすることがあります。） ☐ 申立人（子）の戸籍謄本（全部事項証明書） ☐ 父・母の戸籍謄本（全部事項証明書） ☐

申立人（子）	本籍	東京 都（○）道府県 新宿区市谷本村町○番	
	住所	〒 ○○○ − ○○○○ 東京都新宿区市谷本村町○番	電話 ○○（○○○○）○○○○ （ 方）
	フリガナ 氏名	日実《ニチジツ》 大輔《ダイスケ》	昭和 平成（○） ○年 ○月 ○日生 （ 歳）
	本籍 住所	※ 上記申立人と同じ	
	フリガナ 氏名		昭和 平成 年 月 日生 （ 歳）
	本籍 住所	※ 上記申立人と同じ	
	フリガナ 氏名		昭和 平成 年 月 日生 （ 歳）
☆法定代理人 父・母（○）後見人	本籍	東京 都（○）道府県 新宿区市谷本村町○番	
	住所	〒 − 上記申立人と同じ	電話 ○○（○○○○）○○○○ （ 方）
	フリガナ 氏名	市谷《イチガヤ》 花子《ハナコ》	フリガナ 氏名

（注） 太枠の中だけ記入してください。 ※の部分は，各申立人の本籍及び住所が異なる場合はそれぞれ記入してください。 ☆の部分は，申立人が１５歳未満の場合に記入してください。

子の氏（1/2）

（942010）

Column 妊娠中の離婚

妊娠中の離婚は、子どもが離婚から300日を過ぎて生まれた場合は、「非嫡出子《ひちゃくしゅつし》」として母親の戸籍に入ります。

しかし、子どもが離婚日から300日以内に生まれた場合には親権は母親のものとなりますが、戸籍は原則として元夫の籍に入ってしまいます。出生届は、母親の住居地や本籍地、産院のある場所など、どこで提出してもかまいませんが、そのあとに子どもの籍を母親の籍に移すために、家庭裁判所に「子の氏の変更許可申立書」を提出する必要があります。

出産後に幼子を抱えて手続きのために行政や家庭裁判所を行ったり来たりしなくてはならないのはなかなか面倒です。出産前から必要書類や手順などをリサーチして、段取りよくやれるように準備をしておきましょう。

また、「できちゃった離婚」も近頃では珍しくありません。夫との関係が破綻して離婚の話し合いの最中に新しい恋愛をして、離婚成立前に妊娠が発覚というケースも多くあります。その場合には元夫の子ではないのに、戸籍上の父親は元夫になります。元夫の協力を得て、事実を告げてから1年以内に家庭裁判所に「嫡出否認」の調停を申し立ててもらう必要があります。この調停において、当事者双方の間で、子どもが夫婦の子どもではないという合意ができ、家庭裁判所が必要な事実の調査等を行なった上で、その合意が正当であると認められれば、合意に従った審判がなされます。

また、2016年に民法の改正がありました。女性の再婚禁止期間について離婚から6か月であったのが100日に短縮され、離婚のときに妊娠していなかった場合には、離婚の翌日から再婚が可能となりました。

第3章

子連れ離婚で一番大事な子どものこと

子どもは離婚の被害者です。子どもの気持ちを優先に考え、親としての話し合いや取り決めをしてください。別れても親と子の関係は終わらないのだから……。

3-1

親権 ――離婚家庭の子どもの権利①

＊子どもの「親権者」を決めないと離婚はできない

親権とは、父母が未成年の子を一人前の社会人となるまで養育するため、子を監護教育し、子の財産を管理する親の権利義務です。わかりやすく言えば「子の責任者」のことを親権者と言います。日本では、夫婦が結婚している時期には共同親権（両親が子どもの親権者）で、離婚すると単独親権になります。

離婚届は未成年の子どもの親権者をどちらにするかの記載がないと受理されません。未成年の子どもがいる夫婦の離婚では親権の取り決めは必須条件になっています。

ただし、離婚で親権者にならなかったほうも、親でなくなったということではありません。親としての責任はわが子が成人するまで続きます。

子どもが複数いる場合には、それぞれ親権者を決めていきます。ただし、子の年齢が低い場合、兄弟姉妹が一緒に生活したほうが、人格形成の面からもいいと考えられ、一方の親に親権を統一するのが一般的のようです。

＊親権者の取り決めでもめたとき

親権者を父とするか母とするか話し合いが成立しないときには協議離婚はできず、離婚とともに親権者を定める調停の申し立てをすることになります。

「無収入なので親権者になれないでしょうか？」という相談がよく寄せられますが、経済力のみによって決められるものではありません。また、離婚の原因を作った有責配偶者だからといって、親権者になれないわけでもありません。どちらの親で育てられたほうが、安定した生活環境で、子の利益になるかを最優先で考えるべきものです。

裁判所では次のような事項から判断されます。

・心身の健康状態
・監護能力
・監護の実績（継続性）
・（同居時の）主たる監護者
・家庭・教育環境
・子どもに対する愛情
・監護補助者（子育てを手伝ってくれる人）がいるか否か

調停でも話し合いがつかずに親権の帰属が成立しないときは調停不成立となり、離婚とあわせて訴訟で争うことになります。家庭裁判所は上記その他を総合的に判断して親権者を父か母に決定します。

＊親権と監護権を分けるケース

両者が「親権者になれないと離婚はしない」と主張して話がまとまらないケースや、親権者が日常の子どもの養育をできないケースもあります。

このような場合、父母の話し合いで一方が親権者として「法定代理人・財産管理」などの行為を行ない、一方が監護者となって子どもを引き取り、身の回りの世話や教育を行なうことができます。

しかし、親権者と監護者を分けるのはまれです。親権者の許可が必要な場合の連絡など生活上の不便等を考えると、親権と監護権を分けることはお奨めできません。

「法定代理・財産管理」は普通のご家庭ではあまり関係しないことのような気がしますが、「親権者の同意を得ずに、未成年者が行なった契約は、親権者によって取り消す事ができます」という民法に従って、子どもが何か契約をする場合には親権者の同意が必要です。

私も監護権さえあればと親権の必要性をあまり強く感じたことはなかったのですが、娘が18歳になってスポーツクラブの入会契約や携帯電話の契約をする折に、親権者の同意が必要でした。親権者が離れて暮らしている父親だったとしたら、彼の同意をいちいちとるのは不便だなと思いました。

＊父親は親権者になりづらい

話し合いがつかずに判決になった場合、父親が親権者になることは2割以下であり、母親が親権者と指定されることが多いのが現実です。

なお、以前は〝幼児は母親優先〟と単純に指定される傾向にありましたが、現在は「どちらが主たる監護者だったか」といった事情で判断されます。お父さんだからムリとあきらめることはありません。実際に主たる養育者であったのなら可能性はあります。

＊子どもが意見できる「子どもの手続代理人制度」

2013年、家事事件手続法が施行されました。新しい法律は、家庭裁判所の調停・審判において、子どもの意思をしっかり聴いて、相応に考慮すべきことをはっきりと規定しています。子どもに直接的に影響を及ぼす調停・審判（離婚調停、面会交流、監護者指定、親権者指定・変更など）には、一定の場合には子ども自身が参加することができるようになりました。

子どもが手続きに参加することを認められた場合には、弁護士に「子どもの手続代理人」になってもらうことができます。裁判所に、「子どもの参加の申立て」と「手続代理人の専任申立て」をしてください。具体的な方法については、現在依頼している弁護士がいればその弁護士に、依頼していない場合には、お近くの弁護士会に相談してください。

3-2 養育費――離婚家庭の子どもの権利②

＊養育費の取り決めを忘れないで！

養育費とは、子どもの権利として子どもが離婚後に離れて暮らす親から受けるべきものであり、離れて暮らす親は扶養義務として子どもに支払う義務があります。

生活保持義務は扶養義務の1つと言われ、自己と同等の生活レベルを子どもに保証する義務です。1つのパンを分け合うように、離婚により生活が別々になってしまっても、親子が同等のレベルで生活できるような支援をすることが望ましいとされています。

驚くことに、養育費の支払い率は2～3割というのが現状です。養育費の取り決めがなくても離婚届は受理されるので、離婚を急ぐあまりに取り決めをしないまま別れてしまったり、取り決めても支払われなかったりと、責任感のない親が多いのです。

ですが、養育費は単なるお金ではなく離婚で離れてしまった親から子どもが愛されている証にもなるので、親の身勝手で放棄してしまっていいはずはありません。子どもの権利としてしっかりと守ってあげる義務が、親にはあるのではないでしょうか。

＊迷ったときにはガイドラインを参考に！

毎月の養育費（生活費・教育費）は、双方の扶養能力に応じて額を取り決めます。「満20

歳まで」、あるいは「大学卒業まで」「大学院卒業まで」等と、子どもの教育の将来構想に合わせて取り決めるとよいでしょう。

調停委員や公証人が時として「普通は満20歳までですよ」とアドバイスする場合があるようですが、親としてわが子の将来を考えて必要な期間の取り決めをするのが、私はいいと思っています。ちなみにわが家は娘が大学を卒業して一人暮らしで自立できるまでを考慮して、満22歳までの取り決めをしていました。

金額についても様々な情報がとびかっていて、「相場はいくらですか？」「1人3万円が平均金額ですよね？」などと言われることが多いのですが、あくまでもわが子のために両親が協力して養育していくのに必要な金額です。

そうは言っても話し合いにあたって目安はほしいものです。養育費のガイドライン（211ページ〜）があります。裁判所でも使われているもので、夫の収入と妻の収入から標準とされる養育費を算定できる表になっています。

しかしガイドラインの金額は私は低いと感じています。そのため、日本弁護士連合会（日弁連）が新しい算定表を発表しています（221ページ参照）。子どもの養育、教育には思いのほかお金がかかります。できる限りの支援をしてもらえるに越したことはありませんので、上手に話し合いを進めてください。

話し合いで金額が決まらないときには、調停や審判による取り決めが可能です。審判ではガイドラインを参考に金額が決定されますが、個別事情による修正もありえます。

離婚時に取り決めていない場合でも、子どもが成年に達するまでは扶養される権利があるのでいつでも取り決めができます。なお今後、成人年齢が18歳に引き下げられますが、この民法改正の際、「成人年齢の引き下げは養育費の終期に影響しない」と議論されましたので、堂々と「20歳まで」と主張しましょう。

私も離婚時に感情的になって一度諦めてしまった養育費でしたが、わが子が離れている親から愛されている証がほしいと思い、離婚後14年たってから調停をして養育費の取り決めをしました。

＊状況の変化による養育費の金額の変更

一度取り決めした養育費は変更ができないものと思われて、払えなくなって逃げ隠れする情けない親もいますが、状況の変化に合わせて減額や増額の条件変更が可能です。

離婚後の養育費の変更には「事情変更の原則」（民法880条）が適用され、協議または審判で変更や取り消しを求めることができます。

子どもが成長するにともなって学費などは増加しますし、双方の親の就職、転職、失業、倒産などによる収入の増減が生じることも考えられます。状況に合わせて双方がベストをつくすことが大切です。

払えなくなったからと言って逃げ隠れするのは、最低の行為だと思います。取り決めの際は、将来考えられる状況の変化やその対策についても、お互いに話し合っておくことをお奨めします。

＊養育費の取り決めは必ず債務名義に！

平成28年に厚生労働省が行なった全国ひとり親世帯等調査によると、離婚母子家庭のうち養育費の取り決めをしている世帯は約43パーセントです。日本の離婚は９割が協議離婚で裁判所が関与しないので、養育費を取り決めずに離婚してしまうことが多いのです。

そもそも離婚理由に経済的破綻が多く「取り決めても無駄だと思った」という人が多いのもうなずけますが、そう思わずにわが子の権利を守る努力をしましょう。

養育費の滞納があった場合には、直接強制や間接強制によって、支払いを強制することができます（111～112ページ参照）。

ただし口約束や念書では効力がありません。養育費の取り決めは必ず「債務名義」を作成しましょう。債務名義とは公正証書、調停調書、判決書、和解調書のことです。

国が養育費支払いの促進を図るために発足させた「養育費相談支援センター」では、メール相談も受け付けています（210ページ参照）。

3-3 面会交流 ――離婚家庭の子どもの権利③

*離れて暮らす親に会いたい！

離婚により子どもと離れて暮らすことになった親が定期的に子どもと会ったり、電話や手紙、メールで交流することを「面会交流」といいます。面会交流も養育費と同様に子どもの権利だと思います。親の「子どもに会いたい」という気持ちを満足させるためのものではなく、あくまで子どもの福祉の面から考慮されるものです。

子どもは離婚の被害者です。ある日突然、両親の勝手な意思で、片方の親と離れ離れに暮らさなくてはならなくなるのです。どんな親であれ子どもにとっては大切な存在です。子連れ離婚では夫婦の縁が切れても、親としての新しい関係を築いていかなくてはなりません。難しいかもしれませんが親としての責任と考え、話し合いをしてください。

*面会交流の取り決めについて

面会交流の取り決めは、子どもの都合に合わせて頻度や時間を考慮してください。月1回とか半年に1回など、取り決めは家庭によって様々です。夫婦間で話し合いがつかない場合には、調停や審判によって取り決めることができます。調停で話し合いがつかない場合には審判に移行し、子どもの福祉を考慮して家庭裁判所が決定します。

子どもに悪影響がない限りは面会交流の取決めは推奨されています。家庭内暴力やモラルハラスメント等で相手と顔を合わせるのが困難な場合には、面会交流を仲介してくれる民間の支援団体がいくつかありますので、利用されるのもお奨めです。

取決め内容に従って、面会交流の日時の決定の仲介から、当日のお子さんの引き渡し、もしくは面会時間に仲介者が立ち会う支援を行なっています。

団体ごとに特徴や料金が違いますので、インターネットで「面会交流支援団体」と入力して検索してみてください。いくつかの団体に問い合わせして、お互いが納得できる団体を選択してください。

＊養育費と面会交流の関係

「会わせないから払わない」「払わないから会わせない」、まるで「卵が先か、鶏が先か？」というような言い争いが聞こえてくるのが養育費と面会交流をめぐる紛争です。養育費と面会交流は法的には別のものですが、心情的にはどうしても両輪にあるようにとらえられることが多いのが現状です。

忘れてほしくないのは、養育費も面会交流も子どもの利益のためのものだということです。どちらもわが子のためにどうあるべきなのかを考えて、両親が子どものために約束を守っていくことが大切です。

＊面会交流のお約束

親子が気持ちよく面会できるように、お約束をまとめてみました。

面会する方へ

①子どもに会うときには、子どもの日常の生活リズムを最優先に日時の調整をするように心がけましょう。
②子どもとの話題は、子どもの好きな話を中心に聞き役にまわることから始めてみましょう。
③子どもには多額のお金や高価なプレゼントを与えたり、行き過ぎたサービスをしないように注意してください（迷ったら養育親に相談して検討しましょう）。
④子どもに会ったときに、養育親の様子や家庭の事情をあれこれと聞き出そうとしないように配慮してください。
⑤子どもに会ったときに、養育親の悪口や離婚の理由を自分本位に伝えないようにしましょう。
⑥子どもとの約束は些細なことも必ず守って、不信感が生じないようにしましょう。
⑦子どもの前では感情的な態度は見せずに、深刻な話はしないように配慮しましょう。
⑧子どもに「一緒に暮らそう」と誘ったり、それに近い約束はしないようにしましょう。
⑨子どもと会う約束を変更する場合には、できるだけ早めに連絡をしましょう。
⑩付き合っている恋人に急に会わせたり、一緒に出かけたりしないようにしましょう。

⑪再婚して新しい家庭に子どもがいても、いきなり「きょうだいがいるよ」というように伝えないようにしましょう。

面会させる方へ

①子どもを会わせるときには、子どもの日常の生活リズムを最優先にして、相手と相談しながら日程の調整をしましょう。その際に、自分の都合ばかりを相手に押し付けないように配慮しましょう。

②子どもに関する情報は、面会の事前に相手に伝えるように配慮してください。

③子どもが面会に出かけるときには、できるだけ笑顔で送り出してください。不安や不満は面接後にカウンセリングを受けて解決してください。

④子どもに相手の悪口を言わない。帰宅後に相手のことをあれこれと聞き出そうとしないように配慮してください。

⑤帰宅後の子どもの報告をできるだけ気分よく聞けるように配慮しましょう。精神的に無理がある場合には、カウンセラーの専門的なサポートを受けるなど工夫してみてください。

⑥再婚で新しい親ができても、親の都合で面会の中止を決めずに、子どもの気持ちに配慮して両方を受け入れられるように努力してください。

3-4 養育費の支払いが滞ったとき

取り決めをしても継続が難しいのが養育費の支払いです。離婚して最初の数か月はちゃんと支払われていても、いつの間にか遅れがちになり滞ってしまった経験を私もしています。支払い率が2~3割という調査結果があるように、困っているシングルマザーがたくさんいるのが現状です。

＊思いやりをもって交渉から

養育費の不払いが起こる原因は、離婚後に別れた夫婦が親としての関係を良好に築けていないことにあります。嫌いな相手と、別れたあとまで関係を続けていくのは確かにしんどいと思いますが、子どもが成人するまでは、無視するわけにはいかないのです。

別れたあとも子どもの様子を報告するなど、日ごろから良好な関係を築くための努力が必要ですが、なかなか気持ちが向かないのは私も経験者なのでよくわかります。ここは気持ちを切り替えて、わが子のためにしたたかになろうというくらいの心構えで、感情的にならずに上手に交渉しましょう。

不払いが起こったら、まずは手紙や電話などで直接交渉を試みてください。公正証書や調停調書などの債務名義（強制執行が行なえる公の文書）がある場合には法的手段がとれますが、いきなり強制的なものが届くと意固地になってよけいに払いたくなくなるので逆効果です。思いやりをもって、払えない事情をまずは聞いてみてください。

＊誠意のある対応をしてくれなかったら

相手の事情を考慮しながら直接交渉しても、相手が誠意のある対応をしてくれない場合には法的な手段を使うしかありません。そんなときにはまず、取り決めについて再確認しましょう。

1　協議離婚で口約束で決めた
2　協議離婚で約束書きを作って決めた
3　協議離婚で公正証書を作って決めた
4　調停離婚で調停調書がある
5　審判離婚で審判調書がある
6　判決離婚で判決書がある

1、2に関しては残念ながら即座に取立てはできません。合意の履行を求める訴訟を起こし、約束の存在を主張して判決を得るなどしなければなりません。債務名義は絶対に必要です。

3～6のように債務名義がある場合の対処方法は、以下の4種類があります。

【履行勧告】（公正証書では不可、調停調書・審判調書・判決書なら可能）

家庭裁判所で決めた養育費については、支払いが遅れたら履行勧告できます。相手方が取り決めを守らないときには、家庭裁判所に対して履行勧告の申し出をすると、家庭裁判所から相手方に支払いをするように説得したり、勧告したりします。履行勧告の手続きに費用はかかりません。義務者が勧告に応じない場合は支払いを強制することはできませんが、精神的圧力を与える効果はあるようです。

履行勧告の依頼は家庭裁判所に電話で行なえるので、足を運ばなくても簡単にできるのが便利です。

【履行命令】（公正証書では不可、調停調書・審判調書・判決書なら可能）

履行命令とは、勧告よりも強いもので、相当の期間を定めて義務を履行するように命令するものです。命令に従わない場合には、10万円以下の過料の制裁をうける場合があります。家庭裁判所は履行命令の申請を受け、調査官が相手の状況を調査します。払えない状況でないのに払わない場合には命令の決定が出ますが、相手の状況によっては履行命令がされない場合もあります。

依頼は家庭裁判所に足を運び申請書の記載提出が必要です。調停調書と印鑑をもって家庭裁判所に行けば手続きが可能です。調査の時間があるので履行勧告よりも時間がかかります。義務者が命令に応じない場合の過料に関しては、債権者ではなく国に納められる扱いになりますが、そこまでの取り立てには及ばないのが現状です。

履行勧告も履行命令も相手に精神的な圧力を与えて支払いをさせる効果がありますが、支払わなかったからといって罰せられるものではないので、とことん無視する相手には効果なく終わることもあります。効果がない場合には間接強制、直接強制をするしかないでしょう。

【間接強制】（公正証書・調停調書・審判調書・判決書ともに可能）

約束した支払いがされない場合に、一定の制裁金を支払うよう裁判所が命じて、履行を心理的に強制する制度です。期限が来ても支払われない養育費に関して、裁判所に間接強制の申し立てをすれば、裁判所から債務者に対して、間接強制の決定がされます。そうすると、金融機関で借入れをしたときに遅延損害金が生じるように、債務者が裁判所の決定で決められた期間内に支払いをしないと、遅延期間に応じて制裁金が増すことになります。「支払いをするまで一日ごとに〇円を支払え」という決定がされます。

【直接強制】（公正証書・調停調書・審判調書・判決書ともに可能）

約束した支払いがされない場合に、裁判所が強制的に相手側の財産を差し押さえ、支払いを実行させる制度です。一度の滞納で将来にわたって給料からの天引きができるので、相手に定期的な収入（給料、家賃等）がある場合には、安定した支払いを確保できるようになり安心です。給料の2分の1までの金額を差し押さえられます。

相手の給料や財産を把握していないと手続きできない直接強制に比べて、相手の居所だけわかっていれば手続きできる間接強制のほうが簡易です。また、直接強制では会社に事情がばれてしまうことになり、相手が会社にいづらくなるのではという心配もあります。

直接強制も間接強制も、どちらも申請書類を書いて裁判所に提出するだけなので、自分でやろうと思えばできます。

法律の行使は良好な親子関係を築くためにはマイナスに作用してしまうことも多く、最後の手段だと思いますが、相手に支払い能力があるにもかかわらず履行されない場合には、強制的に親としての責任に気づいてもらうことも必要だと思います。

■債務名義の種類ごとに可能な法的手段

	履行勧告	履行命令	間接強制	直接強制
公正証書	×	×	○	○
調停・審判調書	○	○	○	○
判決書	○	○	○	○

■法的手段の強制力

履行勧告	裁判所が相手に「払いなさい」と催促するだけ
履行命令	裁判所が相手に「払いなさい」と催促 →　払わないと罰金（10万円以下）
間接強制	裁判所が相手に「払いなさい」と催促 →　払わないと遅れた分の罰金（遅れると増えていく）
直接強制	裁判所が相手に「払いなさい」と催促 →　払わないと、相手の財産を差し押さえる

3-5

離婚家庭の子どもの気持ち❶

取材データ

お名前▽林明菜（仮名）	性　別▽女
年　　齢▽11歳	お住まい▽千葉県
両親の離婚▽8年前	

＊別れた親の悪口は言わない

11歳になる林明菜ちゃん。ご両親が離婚したのは3歳のとき。物心ついたときにはお母さんとお兄ちゃんと、おじいちゃん、おばあちゃんとの生活が普通に始まっていて、お父さんがいないことについて不思議に思ったことはないそうです。

明菜ちゃんのご両親の離婚の理由は酒乱による家庭内暴力。暴力に耐えられずに1歳半のときに別居。1年半も調停に時間がかかったのは、家業をついでもらうため養子縁組していた元夫が財産分与を要求して、離婚になかなか合意しなかったからだそうです。

苦しみながら回を重ねる席で調停委員が「離婚後に別れた親の悪口を聞いて育った子に幸せな子はいない。あなたは賢いからわかるだろうけれど、決してお父さんの悪口を言わずに育ててほしい」とアドバイスされたことがお母さんの心に響きました。

なかなか離婚の合意を得られずに相手を強く憎む気持ちもありましたが、アドバイスを守って離婚後も父親の悪口を子どもたちに伝えることなく、同居する両親とも話し合って、まわりからも悪口が伝わらないように配慮しながら子育てをしてきました。

兄妹は定期的にお父さんと面会交流しています。「パパの好きなところは?」と聞くと「優しいところ、何でも買ってくれるところ、おいしいものを食べに連れて行ってくれるところ」という答えが返ってきました。会うときにはいつも優しいお父さんだそうです。

離婚については、小さなときからママが明菜ちゃんにちゃんと伝えていました。「小さなときに公園などで子どもを遊ばせていると、『パパはお仕事行ってるの?』などと子どもに聞く大人がいて、そのたびにアキは何のことだろう? という顔をしていました。小さくてまだ理解できないだろうとは思いましたが、できるだけわかるように小さなときから伝えてきました」とお母さん。

＊子どもの本心は「パパはパパだけ」

明菜ちゃんの家庭は養育費なしで面会が継続しているというまれなケースです。養育費も払っていない父親が子どもに難なく会えるなんてとよく言われるそうですが、お母さん自身が子どもにとって父親との良好な関係が必要だと理解しており、できる範囲のことで関わりをもってくれればいいと感じているそうです。

最近は離婚のわだかまりも解けて、お母さんも参加して親子で食事をすることもあるのだとか。

「お前がどれだけ俺の悪口も言わずにふたりを育ててきたかよくわかるから、感謝していると元夫に言われます。養育費すらもらっていませんが、父親として子どもを思う気持ちとその感謝の言葉に救われます」。

そんなお父さんとお母さんを見て子どもたちは「パパとママ、意外と仲いいじゃん、再婚したら？」と言うこともあるそうです。「パパとママがもう一回結婚できたらいいな」と明菜ちゃんの口から出たセリフを聞いて、「ママがパパじゃなくてもっとステキな人と再婚することになったらどうかな？」と意地悪な質問をしてみました。「絶対にヤダ！」即座に返事が返ってきたので「どうして？」と聞いたら、「アキのパパはパパだけだから」という答えでした。

＊まわりの大人の配慮が大切

乳幼児の時期に親が離婚し、心の揺れを経験したわけではないのに、離婚のマイナスイメージを背負って育っていく子どももいます。明菜ちゃんのように親の努力によって離婚後も離れている父親と良好な関係を継続し、親の離婚についてマイナスイメージをもつこともなく素直に育っている理想的なケースもあります。

明菜ちゃんはパパとママが昔、喧嘩をして一緒に暮らせなくなったから別れたと離婚について理解していますが、離婚家庭であることで困ったことや悲しい思いをしたことはないそうです。

学校でお友達に「何でパパがいないの?」と聞かれると、困ることもなく「わかんない」って答える明菜ちゃん。「聞かれて困らないの?」と尋ねると「そんなにしつこく聞いてくる人はいないから別に困らないよ」だそう。離婚をマイナスイメージで伝えたり隠したりする人がいないまわりの環境が、明菜ちゃんを素直に育ててきたのでしょう。

11歳の子どもから親の離婚についての考えを聞き出すのは難しく感じましたが、ストレートに返ってくる返事の中で、何よりも心に残ったのは「アキのパパはパパだけ」というひと言でした。

離婚の理由は様々ですが、大人の事情によって子どもたちを振り回すことなく真実のみをきちんと伝えることが大切です。子どもにはどんな親でも唯一の親として受け入れていきたい気持ちがあります。養育親側の勝手で離れて暮らす親を遠ざけるのではなく、離婚後も親子交流していけることが子どもにとっていい影響を与えることは、明菜ちゃんのケースからも強く感じられました。

3-6 離婚家庭の子どもの気持ち ❷

取材データ

お名前▽藤森裕子（仮名）	年　齢▽14歳
性　別▽女	お住まい▽千葉県
両親の離婚▽2年前	

＊子どもが感じる両親の喧嘩

藤森裕子ちゃんは、中学2年生。私立中学に通うために受験勉強中だった一昨年の2月にご両親が離婚しています。思春期の多感な時期、いつも目の当たりにしていた両親の喧嘩についてこう語ります。

「なぜ喧嘩していたのかはわからなかったけど、いつも最初はママが一方的に怒り出して、パパが逆ギレする。ひどいときには暴力になることもあって、あまりひどいと心配で止めに入っていた」。止めに入ると最後には「お前のせいだ」と母親から怒られることもあって、喧嘩の発端は自分のせいなのかもと考え、「私が悪いのかな？」と思うこともあったけれど、どうしたらいいのかわからなかったと言います。

裕子ちゃんのインタビューをしながら、離婚後の親子関係修復のための啓発ビデオ（最高裁制作）で見た映像を思い出しました。親の喧嘩を柱の影から悲しげに見ている主人公のエミちゃん、クマのぬいぐるみを抱きしめながら「神様、エミがいい子でいますから、どうかパパとママが喧嘩をしないように」と祈るシーンがありました。両親の喧嘩は決して子どものせいではないはずなのに、子どもは喧嘩を目の当たりにすると自分が悪い子だからパパとママが喧嘩していると自分を責めてしまうことがあります。裕子ちゃんの話からもそんな様子がうかがえました。

離婚についてはご両親が揃った席で裕子ちゃんに伝えられました。「パパとママは嫌いなわけじゃないけど、一緒にいると喧嘩ばかりだから離れていたほうがいいと思う」と伝えられたときには悲しい思いをしたそうです。でも離れて暮らして両親の喧嘩する姿を見ることもなくなり、1年半たった今ではこれでよかったんだと思えるようになったと言います。

＊幼児期の父親との関わり

今、裕子ちゃんは血のつながりのないお父さんと3歳の妹と一緒に生活しています。裕子ちゃんのお母さんは、裕子ちゃんの実のお父さんと離婚したあと、裕子ちゃんが4歳のときに現在のお父さんと再婚しましたが、その後二度目の離婚をしました。

最初の離婚は裕子ちゃんが物心つく前のことで、乳児だったため記憶にないとのこと。実のお父さんとは小学校の頃に二度会って話をしたことがあるそうですが、あまり親という感じがしなかったと言います。「知り合いのおじさんという感じで今でも会いたいと思わない」と言います。「じゃ、今のパパが裕子ちゃんにとっては本当のパパなのかな？」という質問にうなずきながら「でも会ってみたいお兄さんがいる」と教えてくれたのは、最初の離婚後にママが恋愛して一緒に暮らしたお兄さんがいてとても優しくしてもらったので、再会したいという思いが強いそうです。最初に父親を意識する2、3歳の時期に一緒に過ごしたお兄さんとの想い出が、離れて暮らす父親への思いとなっているのかもしれません。

一概には言えませんが、親を意識する幼児期の親子関係や関わり方が、成長してからの離れて暮らす親への気持ちに、関係するものがあるのかもしれないと思いました。

＊離れて暮らすお母さんへの思い

二度目の離婚のときに血のつながりのないお父さんとの生活を選んだのはなぜ？という問いかけに「最初はママと暮らしたいと思ったけど、経済的なことを考えてパパのところで生活したほうがいいと思った」と言います。お父さんからも「離婚しても幸せに育てていくよ」と言ってもらったことで安心して選んだとのこと。

別れたあとも裕子ちゃんのお父さんが経営する会社でお母さんは働いています。「離婚してもパパとママの関係があまり変わらないように見えたから、ちゃんとケジメをつけてほしいと感じていた」。変わらない両親の様子を見ていて、ケジメがないと思いながら、もしかしたらそのうちまたやり直せるのではとも期待し、それを望んでいたとも言います。離れて暮らすお母さんへの気持ちを聞いてみると「離れてから冷たく感じる。何かお願いすると『もう家族じゃないから』と言われることがある。離れて暮らしていても、実の親であることには変わりがないということをわかってほしい」とのこと。

「離れていても親であることには変わりがない」――子どもが思っていることはみんな同じです。

＊親の恋愛をどうとらえているか？

半年くらい前に裕子ちゃんはお父さんから彼女ができたと伝えられました。「すごく嫌でした。ママのことも気になったし、彼女には絶対に会いたくないと思いました」。

しかし現在、裕子ちゃんはお父さんの再婚予定の彼女の家で暮らしています。「実際に会ってみたら子どもの話をちゃんと聞いてくれる人だったから」と言います。

裕子ちゃんは今のお父さんがとても幸せそうだから、このままいつまでも幸せでいてほしいと思っています。血のつながりがないと考えてしまうとつい遠慮しがちだけど、もっと色々な話をして楽しく暮らしていけたらいいなと思っています。

3-7

離婚家庭の子どもの気持ち ❸

取材データ

お名前▽石川明子（仮名）	年　齢▽28歳
性　別▽女	お住まい▽東京都
両親の離婚▽28年前	

＊実の親には「会いたい」よりも「見てみたい」気持ち

石川明子さん（28歳）は生まれた年にご両親が離婚して、以来ずっと母子家庭で育ちました。小さなときからお母さんの恋愛相手がそばにいてお父さんのように接していたので、離婚家庭だと知ったのは小学校5年生の頃のことだったと言います。

「ウチは離婚家庭なんだよ」とお母さんから伝えられたときには、なんとなくそうじゃないかと思い始めていた時期だったので、大きなショックもなく「やっぱりそうだったんだ」と真実を受け止めることができたと言います。

お母さんがお付き合いしていた男性は定期的に家に来て、3人で旅行に行くこともありました。お父さんは単身赴任していてたまに帰ってくる人だと思っていたので、友達にお父さんの話を聞かれてとくに困ったこともなかったそうです。

「私はまわりからどう思われているのか非常に気にするタイプなので、思春期の頃までお父さんと呼べる人がそばにいてくれて、安心して育ってこれたことはよかったと感じています」

と言います。その後、お母さんが彼と別れたあとにも親子として交流が続いているとのこと。

それでは実の父親に対する思いはどうでしょうか？　事業に失敗して経済的破綻で離婚に至ったと聞いています。生まれたばかりのときに両親が離婚しているので、もちろん記憶にはありません。写真を見たことがあるそうですが「ふーん、こんな人なんだ。でも私には関係ないわ」という感想だったそう。

「小さいときには一度見てみたいとは思っていましたが、今となってはとくに会いたいとも思いません。会ってみても何かが変わるわけではないし、恨み言を言ってしまうかもしれないので」。

私の娘も別れた父親との15年ぶりの再会の前に「会っても話すことないし、何を話そう？」と不安気に出かけていったことを思い出しました。

「ママは面会交流を推進する活動をしているけど、離婚家庭の子どもがみんな、別れた親に会いたいと思っているわけじゃないと思うよ」という娘の言葉どおり、「会いたい」よりも「見てみたい」という気持ちが強く、実際に会ってしまうと何を話していいのかわからないし、受け入れられるかどうか不安だというのが子どもの本心なのだと思います。

＊「あなたのために頑張っているんだから」は親の身勝手

石川さんにインタビューをお願いしたときに「私にとって親の問題はものすごくデリケートです。それはひとり親家庭だから、離婚しているからというよりも、単純に親とまったく気が合わないからという部分が大きいです」と言われました。親との関係を考え始めると途端に憂鬱な気分になってしまうとも打ち明けられました。

石川さんのお母さんはとても気丈な方で「母子家庭だからとは言わせない」といつも頑張っていたと言います。自分がさせてもらえなかったので、せめて娘にはよい教育を受けさせてやりたいという一心で事業を起こし、起業家として頑張っていました。そのかいあって石川さんは二度も海外に語学留学をさせてもらっています。

「母の努力は理解していますが、『あなたのためにこんなに頑張っているのに何で反抗的なの？』という気持ちを感じることが多く、お母さんとの1対1の関係は逃げ場もなく非常に苦しい時期もありました」とのこと。

今でもお母さんとは会うと喧嘩をしてしまうことが多く、それが石川さんにとっては悩みの種でもあるようです。

「単純に気が合わないから」と言われましたが、「いい娘がほしかったんだろうなと考えることがあります」というひと言から、頑張ってきたお母さんを素直に受け入れたいという優しい気持ちを感じました。

また、「あなたのために頑張ってきた」を長い間押し付けられてきたことへの反発も感じました。

2つの気持ちがぶつかりながら素直になれない自分を責めてしまうことが、今でも悩みになっているのでしょう。

「あなたのために」とあえて伝えなくても、子どもは自分のために親が頑張っていることを見て学びます。「あなたのために」と言われると逆に反発したり重荷になってしまうのではないでしょうか？

子どものためにと思いながら踏ん張る気持ちはよくわかりますが、親が子どものために頑張ることは当たり前です。それを「あなたのために頑張っているんだから」と伝えることで、子どもに重い荷物を背負わせてしまうのは親の身勝手ではないでしょうか？

3-8

離婚家庭の子どもの気持ち❹

取材データ

お名前▽谷口隆（仮名）
年　齢▽31歳
性　別▽男
お住まい▽埼玉県
両親の離婚▽20年前

＊養育親の苦労から離別親への憎しみが育つこともある

谷口隆さん（31歳）がご両親の離婚を経験したのは11歳の頃。小さなときからお母さんと隆さんに暴力を振るう父親でした。まだＤＶ法もない時代、暴力を振るわれてお母さんに連れられ実家に避難することもたびたびあり、幼い頃の記憶に残っています。たび重なる暴力にお母さんが耐えていたのは、経済的に自立できないから仕方がないと子どもながらに理解していたそうです。お父さんの浮気が原因で離婚することになったときには「お父さんが家からいなくなればお母さんもボクも楽になれる」と感じ、悲しいという感情はなかったと言います。

離婚後にお母さんは児童扶養手当に頼りながらパートを４つかけもち。生活費を貸してくれる先もなく、父親からの養育費の支援もなしに女手ひとつで隆さんを育てました。決して父親の悪口を言うこともなく、離婚したのちも父親の愛を感じて育ってほしいと、親子交流がとれるように配慮する努力も見られました。「夜、泣きながら『お誕生日だから隆に何かしてやってほしい』と電話している姿を見たこともあります」とのこと。

そんなお母さんの努力もあって離婚後も続いた親子関係。でも隆さんはお父さんを許すことはなかったようです。「今でも憎い父親です。死んでも悲しいとは思わないでしょう」と言います。

逆にお母さんに対する思いは強く「マザコンと言われるかもしれないけれど、母親は絶対に幸せにしたい。裕福な生活をさせて父親にその幸せを見せつけてやりたい気持ちです」とのこと。

幼児期に経験した実親からの暴力、ストレスで自立神経失調症にまで追い込まれていた母親の姿を見て育ち、それでも弱音を吐かずに気丈に頑張ってきたお母さんへの愛情は父親への憎しみになっているようです。

離婚後に親子交流があれば子どもは健全に育つという単純なことではなく、そのケースに合った関わり方や意思の疎通ができていないと、逆に憎しみを助長することになるのだと思いました。

＊異母兄妹への思いは複雑

離婚後、お父さんは浮気相手と再婚。新しいご家庭には隆さんと異母兄妹にあたる妹が誕生しています。19歳の頃に2歳の女の子を妹と紹介されたときには、かなりの驚きと嬉しさがあったとのこと。隆さんが2歳の頃に実の妹が産まれるはずだったのに流産していることもあり、異母兄妹とはいえ、特別な感情があったのかもしれないと振り返って語ります。

隆さんが19〜25歳、妹が2〜8歳の約6年間は定期的に兄妹交流がありました。親の離婚とか世間体は関係なしに妹を愛おしいと感じていたと言います。でもなぜかいつも引っかかるものがあり、年々、交流を重ねるたびに罪悪感が増していきました。

「面会交流のルールの提案」（106ページ参照）にも書きましたが、離婚後に新しい家庭に生まれた子どもを、離れて暮らす子どもに安易に紹介することに私は反対です。隆さんの場合には嬉しい気持ちもあったようですが、やはりお母さんの気持ちを気遣いながら罪悪感を感じ、数年後には自分の意思で妹との関係を断ち切る決意をしたと言います。「口にはしなかったけど、会いに行けば母親が悲しい思いをしているのがわかったから」だそうです。

妹の12歳の誕生日に内緒で会いに行ったのを最後に、もう会わないと決意しました。「妹には両親が揃っているので幸せになれるだろうという思いがありますが、将来、親が老いたときに苦労しないだろうか？　父親の暴力で俺の二の舞にならないだろうか？　と心配なのが正直なところです」と言います。

＊離婚や父親を反面教師にして学んだこと

離婚当初は隆さんは学校では家庭のことは隠していたので、父親参観や運動会で「なぜお父さんが来ないの？」と聞かれることで嫌な思いをしたこともあるそうです。子どもなりにそのつど揺れる気持ちを整理しながら、いつしか「堂々としていよう」と思えるようになったそうです。「いい経験をしたと思います。精神的に強くなりました。人が乗り越えられないところも、自分には乗り越えられるという自信があります」と言います。

自分にも父親と同じ血が流れている、だからこそ暴力は絶対にしないという気持ちが緊張感にもなっているそうです。取材を通して感じる隆さんの印象は、感情的にならずに冷静に物事を判断する優しさをもった男性でした。これまでの苦労から父親を反面教師にして学んだことなのではないでしょうか？

子どもに悪い影響を与える父親だからと面会をさせない親もたくさんいますが、悪い影響を与える父親からも、子どもは学ぶことがあるのだと隆さんの取材から感じました。

3-9

子どもの気持ちを優先に考えよう

私は「離婚後の親子関係継続」をテーマに活動を続けています。様々な調査を通して養育費と面会交流の問題に取り組んできましたが、いつも思うのは大人の感情が優先で無視されている子どもの思いがあるということです。

知り合いのシンガーソングライターが、ある児童養護施設でチャリティコンサートを行なったところ、母親からアイロンを押し付けられて火傷で保護された子が「ボクが悪い子だからママが怒ったの」とお母さんをかばうのが痛々しかったと教えてくれました。子どもは親を選べません。子どもにとってどんな親であろうと親は親。離婚も自分の意思ではどうにもできないことなので受け入れるしかありません。

＊子どものための話し合いをする

離婚は子どもがいる場合には「縁切り」ではありません。夫婦関係を終わりにして子どもの親としての新しい関係を築いていく必要があります。そのためには離婚後も親として互いに協力して、子どもに関わっていくために冷静に話し合いをすることが大切です。離婚を決めたら、子どもをできるだけ傷つけないためにはどうしたらいいのか、どう伝えたらいいのかを話し合いましょう。「まだ小さいからわからない」は親の言い訳だと思います。

大切なのは「離婚しても両親がちゃんと関わっていくから心配いらないよ」ということを伝えることです。

話し合いもスムーズで最初は問題がなくても、先々問題が発生することもあります。「養育費が払えなくなったら」「子どもが会いたくないと言い出したら」「どちらかが再婚したら」など、状況が変わった場合の対処の仕方なども離婚前から話し合っておけるといいと思います。離別親が再婚してできた新しい家庭との付き合い方も含め、面会交流のルールも再確認しておくといいでしょう。

マイナスの感情で双方の親の悪口を伝え合っても、子どもにとっては何のメリットにもなりません。離婚するという事実を年齢に合わせてわかりやすく伝え、離婚後の親子関係がうまくいくように先々のことも考えて両親が話し合いをすることが大切です。

「子どもに悪い影響を与える親だから」と養育親が面会交流を拒否する場合もありますが、悪い影響を与える父親からも学ぶことがあるということを取材を通して感じました。子どもに直接の暴力などがある場合を除いては、面会を拒否する理由はないのではないでしょうか？　そして、離婚後に一緒に暮らす親の感情を子どもは敏感に感じ取っています。できるだけプラス思考でいられるように努力しましょう。「あなたのために頑張っている」というような思いを押しつけないことが大切です。

理想論かもしれませんが、理想を目指して頑張ることが大切です。

3-10
ひとり親の恋愛と再婚

カウンセリングで話を聞いていると、中には、すでに他の異性に思いを寄せていて、将来は再婚を考えているというような方もいます。離婚前に相談相手に思いを寄せることもあると思いますので否定はしませんが、慎重に考えてほしいところです。

逆に、ひとり親家庭になった直後には「もう二度と結婚なんかしない」と思う人も多いでしょう。しかし、生活に慣れてきた頃に、また恋をして結婚したいなと思う人も少なくありません。

子連れ再婚家族（ステップファミリー）は増えています。

過去の失敗を生かして、今度こそ幸せになりたい。離婚に傷ついて学んだからこそ次は幸せになれるはずだと、根拠のない自信をもつ人が多いのですが、子連れ再婚家族は初婚で作られる家族とは違います。「こんなはずじゃなかった」と後悔しないように学んでください。

＊タイプが違うと抱える問題も違う

子連れ再婚家族には、組み合わせや成り立ちによって様々な形態があります。タイプが違えば抱える問題も違ってきます。

A．ひとり親同士で双方に子どもがいる結婚
B．ひとり親が子どものいない独身男女と結婚
C．ひとり親が元配偶者の元に子どもがいる（交流がある）離婚経験者と結婚

事実婚でA、B、Cに該当する場合にも子連れ再婚家族と言われます。

さらに、以前の婚姻関係の終わりが離婚か死別か、子どもの年齢や性別、面会交流や養育費があるかないか、元配偶者との付き合いが続いているか、などによっても抱える問題は違います。

＊子連れ再婚家族が抱える問題とは？

子連れ再婚家族が問題を抱えやすいと言われている要因の1つは、大人も子どもも過去にそれぞれの人生を大きく変える喪失感を経験しているからです。離婚や死別による喪失感、生活環境が大きく変わったり、子どもは転校などによって友達を失ったりしています。それぞれが傷ついていて、なかなか新しい環境に馴染めないために問題を抱えやすいのです。

また、子連れ再婚家族は、もともと構築されていた2つの家族が1つ屋根の下で暮らし始めるため、生活習慣や価値観の違いがあり、すり合わせしようとする段階で問題が起こります。

例えば、「朝ご飯の目玉焼きにソースをかけるか醤油をかけるか？」。ほんの些細なことだと思われがちですが、生活習慣の違う家族が一緒に暮らすということは、これまでなかった習慣を受け入れなくてはならないことも多く、ストレスがたまるものです。

親は、子どもの躾《しつけ》に対する価値観にもたくさんの違いがあることにも気づきます。お互いに子どもがいる場合はとくに生活習慣や躾の統一については難しく、ストレスになることが多いのです。

子連れ再婚家族からの悩み相談で圧倒的に多いのが、「継子を愛せません」という悩みです。継子とは、自分が現在愛している夫（妻）の以前の配偶者との間に生まれた子どもです。我が子のように愛せるわけがないと感じる人がいるのは当然ですが、愛さなくてはいけないという葛藤に悩み苦しみます。また逆に、実親は自分の子と継親のうまくいかない関係に板挟みになり苦しむことも多くあります。

このように同じ家族の中にいても立場が違うと抱えるストレスも違い、お互いの悩みに共感できないところもあるので問題の解決が難しくなります。

悩みを抱えたときにプロの力を借りたいと思っても、現在の日本には専門の相談窓口も少なく、限られています。そして世間の理解も低いので、子連れ再婚家族だということをカミングアウトしづらくなっています。大人はもちろんですが、子どもにはさらに相談する場所がなく孤独に悩みを抱えがちです。

＊幸せな子連れ再婚家族になるために

子連れ再婚家族の問題は恋愛中から少しずつ出てきます。でも過去の失敗を生かしてうまくやれるはずだという根拠のない自信があるので、「私たちは大丈夫」と思っている人が多いのですが、それが問題です。

うまくいっている子連れ再婚家族にお話を聞くと、恋愛中からパートナーと2人で子連れ再婚家族について学び、これから抱えるかもしれない問題について、事前にしっかりと話し合いをしていたという家族が多いです。また、再婚後にも夫婦が話をする時間をおろそかにしないで、何か問題が起きたら取り返しがつかなくなる前にしっかりと話し合いをすることが大切だと言います。

そして、最も大切にしてほしいのが子どもの気持ちです。恋愛中からお子さんの気持ちをちゃんと尊重する配慮をしてください。

子どもは親の幸せをもちろん願っていますが、親を新しい家族に取られてしまうのではないかという焦りがあったり、新しい家族にすぐには馴染めずに葛藤があったりします。離婚も再婚も親の勝手な都合に振り回される子どもは被害者です。子どもに伝えるべきことはしっかりと伝え、子どもの意見もちゃんと聞いて前に進みましょう。お子さんとともに幸せになるための恋愛と再婚をしてほしいと思います。

Column 養育費は子どもが親に愛されている証

私が一度目の離婚をしたときに取り決めをした養育費は1年もしないうちに支払いが途絶えました。履行命令の成果もなく、仕方がなく別れた夫の家に電話をしました。再婚相手が「うちも生活が苦しいのにお宅に払うお金なんかありません！　裁判にでも何でも訴えてください」と感情的で、とても惨めな気持ちになりました。そのときに私は「養育費なんかあてにしないで自分一人で育ててやる」と決意しました。

15年たったある日、長女が「父親なんて関係ない！　血のつながりでしかない」と言っているのを聞いて、「パパは離れていてもあなたのことをきっと愛しているよ」と伝えたところ、「証拠は!?」というひと言が返ってきて私はハッとしました。娘が父親に愛されている証は確かに何もないと思いました。自分の都合で諦めてしまった養育費、せめて月に数千円でも支払いが続いていたら、父親がわが子を思っていると堂々と伝えてあげることができたのにと後悔しました。

離婚から15年後に別れた夫の居所を探し出して手紙を書きました。「今からでも遅くないので、親として責任を果たしてください」。手紙の返事は謝罪文で、長女の養育費は支払われるようになりました。そして半年後には親子の再会を果たしました。

娘がお父さんに会いに行く日、娘も私もたぶん彼も、みんなドキドキでした。夜遅くに帰宅した娘は「ママ、お父さんに会えてよかった。私にもお父さんがいたんだなって感じて嬉しかったよ」とその日のできごとを話してくれました。

第4章

子連れ離婚とお金の問題

離婚後の生活を考えたときに、一番気になるのはやはりお金の問題です。焦ると目先のことばかり考えがちですが、お子さんの進学なども考慮してライフプランを考えましょう。

4-1

婚姻費用

離婚する前に、妻が子どもを連れて家を出たときなど、夫が生活費を渡さなくなるケースがあります。そういった場合、妻は夫に「婚姻費用」(生活費)を請求することができます。同居・別居に関わらず、夫婦には助け合う義務があるとされているので(民法760条)、夫のほうに主な稼ぎがある場合、夫は妻に婚姻費用を渡さなければなりません。

婚姻費用の額は、夫婦で話し合って決めます。どのくらいが妥当な金額かわからないときは、216ページからの「婚姻費用の算定表」や221ページに紹介した日本弁護士連合会(日弁連)の算定表を参考にしてください。

＊「婚姻費用の分担」の調停申し立て

夫婦で話し合いがまとまらない場合は、「婚姻費用の分担」を求める調停を申し立てます。申立書に必要事項を記載して希望の金額を記入して申請しましょう。

離婚調停と一緒に進める人が多いですが、婚姻費用だけの調停申し立ても可能です。財産分与や慰謝料、養育費は、あとからさかのぼって請求することもできますが、婚姻費用は請求をした時点からしか払ってもらえないので注意してください。離婚するかどうか決めかねている場合でも、婚姻費用分担については早めに請求をし、取り決めをして、書面に残しておきましょう。

申し立ての方法は、離婚調停の申立て（58ページ参照）とほぼ同様で、相手の住居地を管轄する家庭裁判所、または夫婦が合意で定める家庭裁判所に申し立てをします。申立書のほか、夫婦の戸籍謄本1通と収入印紙1200円分、郵便切手（金額は各裁判所に確認）なども添えてください。

調停が成立しなかった場合は審判となるので、裁判所が婚姻費用の額を決めるのを待ちます。「調停に代わる審判」が出される場合もあります。

＊調停の間の生活費を払わせる

調停や審判には時間がかかることがあり、その間の生活費がもらえないのは困ります。その場合は調停申し立て、あるいは審判の申し立てと同時に「審判前の保全処分」を申し立てる方法もあります。必要性を裁判所が認めれば、相手に婚姻費用の仮払いの命令をしてくれます。しかし、算定表で迅速に決まる傾向もあり、裁判所の認定は厳しいです。これでも支払わない場合は強制執行も可能です。

4-2 慰謝料(和解金)

慰謝料とは、離婚原因を作った側が相手に「慰謝」(賠償金)として支払うものです。離婚原因をつくった側がはっきりしないような場合には、慰謝料は生じません。

最近では、慰謝料の代わりに「和解金」「解決金」という言葉を使うことがあります。慰謝料というとどちらが悪いのか白黒をつけるようなイメージで、払う側が気分よく受け入れられない場合もあります。そんなときには「和解金」「解決金」として話し合い、同意を得た金額を受け取るのも1つの手かと思います。

慰謝料(和解金)の金額は、夫婦で話し合って決められます。夫婦で合意ができ、協議離婚することになった場合は、話し合って決めた内容を公正証書(80ページ参照)にします。

*離婚調停で「慰謝料」を求める

話し合いで慰謝料が決まらなかった場合は、離婚調停の申し立てをして、この中で慰謝料のことも話し合っていきます。離婚調停については、58ページを参考にしてください。

調停が成立すると、決まった慰謝料の金額や支払方法が調停調書に記載され、将来もし約束どおりに支払いが行なわれなかった場合には、強制執行などでお金を取り立てることができます。調停が成立しなかった場合には、訴訟を起こします。

＊慰謝料の金額をどうするか

協議離婚であれば、どんなに高額でも夫婦さえ合意すればそれで決まりですが、調停や裁判では、その金額が妥当かどうか、第三者のアドバイスや判断が生じます。

調停申立書に慰謝料の請求額を記入する際、根拠もなく相手の支払い能力が及ばないような高額にしても、そのとおりには決まりません。かといって最初から遠慮して安すぎる金額を請求するのも損です。どのくらいの金額を請求するのが妥当か判断がつかない場合は、弁護士や司法書士、家庭裁判所の家事相談窓口等に相談するといいでしょう。不倫相手など第三者に慰謝料を請求する場合も、専門家の意見を聞いてみるといいかもしれません。申立書には「相当額」としても大丈夫です。

裁判では、それぞれの夫婦の離婚原因や結婚期間、夫の資産、収入や妻の自活能力（子どもの有無や本人の年齢を含む）などを総合的に見て、金額が決定されます。

よく芸能人などの離婚で、ものすごい金額の慰謝料が支払われたと報道されていますが、実際には慰謝料だけではなく、財産分与（142ページ参照）が含まれている場合がほとんどです。

なお、離婚後でも3年以内であれば慰謝料は請求できます。

4-3 財産分与

財産分与とは、結婚中に夫婦が協力して築いた財産を分け合うことです。場合によっては、未払いの婚姻費用や慰謝料を、財産分与に含めることもあります。

分与の対象となるのは、預貯金や自動車、不動産、家財道具などといったものです。主な稼ぎ手が夫で、これらの名義が夫になっていたとしても、妻の協力があっての財産ですから、分与の対象となります。年金も分割できます。

結婚前からそれぞれがもっていた貯金や、親からもらった財産やもの、日常的に使っているもの（洋服やバッグなど）、結婚中に一方が勝手に作った借金などは、分与の対象になりません。まずは財産分与の対象になるものを一覧に書き出して、それぞれの金額（評価額）を計算し、夫婦で分け方を話し合いましょう。

＊分け方の割合をどうするか

財産は基本的には半分ずつ分けますが、築いた財産に対する貢献度を考慮することもあります。裁判では、専業主婦の場合でも5割の分与率を認められることが多いようです。

貯金ならお金を分ければ済みますが、分与するのが不動産などで、とくにローンが残っている場合は複雑です。例えば、家を売って得たお金からローンを差し引いた分を分け合う、あるいは家の名義は夫のまま、ローンも夫が払い続け、妻が住み続けて夫に家賃を払うなど、様々な方法があります。

このように大きな財産を分与する場合は、一度専門家（弁護士や司法書士、ファイナンシャル・プランナー等）のアドバイスを受けるといいでしょう。

夫婦で話し合いがつけば、慰謝料と同様に、決まった内容を公正証書（80ページ参照）にして残しておきましょう。当事者同士で話がまとまらなかった場合は、離婚調停（58ページ参照）で、第三者の意見を考慮しながら話し合いをしましょう。調停も成立しなければ、離婚とあわせて訴訟を起こします。

離婚後、財産分与だけの調停を申し立てている場合には、審判となります。

*財産分与の請求時効

離婚原因を作った側も、財産分与は請求することができます。ここは慰謝料と異なる点です。離婚後でも財産分与の請求はできますが、2年以内という期限があるので、注意してください。

4-4 弁護士が必要な場合の費用

話し合いが当事者間でまとまらずに調停や裁判でもめそうな場合には、弁護士が必要になります。その際に気になるのは費用のこと。相談や依頼内容によって、また弁護士事務所によっても異なりますが、おおよそのところを見ていきましょう。

＊弁護士にかかるおおよその費用

弁護士に相談をする場合は、少なくとも30分／５０００円（プラス税）の相談料がかかります。

実務を依頼するときは、内容に応じて着手金・報酬金・手数料や実費を払います。着手金は依頼時に支払うお金で最初に必要となる前渡金です。報酬金は結果に応じて払う成功報酬です。手数料は、契約書の作成など1回限りで完了する手続きについて支払うものです。実費は、収入印紙代や交通費などといった経費です。

具体的には、着手金20万～30万円＋状況に応じた額と、報酬金30万円程度が目安となります（経済的利益がなく離婚だけの場合）。ただし実際にかかる金額は弁護士によって異なるので、相談時に見積もりを出してもらい検討しましょう。弁護士の探し方については14ページを参考にしてください。

先輩ひとり親に聞け！

弁護士の使い方、付き合い方

- 親戚に紹介してもらった弁護士は離婚は専門外だったようで、何か月もほったらかしにされた。あとで聞いたら離婚を専門にしている弁護士もいるということで、ちゃんと離婚のプロに相談すればよかったと思う。（hinaさん・北海道）

- DV（家庭内暴力）離婚だったのですが、おじさん弁護士はダメでしたね。「女のあなたが我慢すれば丸くおさまる」と言われました。DVの場合には理解のある女性弁護士がいいと思います。（まろんまろんさん・広島県）

- 信頼できる弁護士を見つけることが大事だと思います。結婚という「人間関係」を解消するだけなら必要ないのですが、結婚という「契約」面で、自分と子どもの不利益を最小限に抑えるためには法律の専門家の支援はあったほうがいいです。お金がかかることなので、誰でもできることではないかもしれませんが、冷静に力になってくれる第三者の存在はかけがえのないものです。（ひろさん・千葉県）

- 最初の相談のときは、自分の心情・決意・家族関係・証拠などを先にFAXして読んでもらっていたので、話がとても早く運びました。文書を書くということは、それからの行動を再認識するのによかったです。（智依さん・埼玉県）

離婚成立までの気持ちが揺れる期間にお付き合いする人です。安易に選ばずに、性格的に合っているかも考え弁護士選びをしましょう。法律の話は難しくて、「こんなこと聞いていいのかしら?」と躊躇することもありますが、わからなくて当たり前。わかるまで確認しましょう。

4-5 弁護士の費用がきつい場合

弁護士を頼みたいけれど、経済的に苦しくてお金が払えない場合は「法テラス（日本司法支援センター）」（206ページ参照）に相談してみましょう。法テラスでは「総合法律支援法」に基づき、法律上のトラブルを抱えた人を対象に無料法律相談（民事法律扶助相談）などを行なっています。一定の要件にあてはまれば、弁護士や司法書士の費用も立て替えてもらうことができます。

＊制度を利用するための条件

ただし、無料法律相談を受けるには、条件があります。まず「収入や資産が一定額以下であること」。それから「民事法律扶助の趣旨に適すること」も必要です。

さらに、立て替え制度を利用するためには「勝訴の見込みがないとは言えないこと」も要件とされます。

私はカウンセラーとして何度かこの無料相談に立ち会ったことがありますが、自分に不貞行為があり勝訴の見込みの薄い相談者は費用の立て替えを受けることが難しいと断られました。

また法テラスでの法律相談も他の相談と同様、対応する弁護士のすべてが離婚に長《た》けて

■無料法律相談を受けられる手取り月収額の基準

2人家族 251,000円以下　3人家族 272,000円以下　4人家族 299,000円以下

▶目安額を上回る場合でも、家賃、住宅ローン等の出費がある場合は考慮されます。
▶東京や大阪などの大都市には左記の目安額に10％が加算されます。

いるというわけではありませんので、家庭内暴力の場合などは相談を受ける前に「DV事案の知識のある弁護士をお願いします」とひと言付け加え、予約を入れておいたほうがいいと思います。

相談に関しては一般の法律相談を受ける場合と同様です（14ページ参照）。限られた時間内で効率よく進めるために相談シートを作成してのぞみましょう。

＊手続きと返済について

まずは、法テラスの地方事務所に問い合わせてみましょう。無料法律相談を受けて費用を立て替えてもらえることになった場合は、あなたに必要な弁護士または司法書士が選任され、書類作成の費用や着手金の立て替えがされます（報酬金は含まない）。立て替え費用は原則として毎月割賦で返済することになります。

4-6 ひとり親家庭のライフプラン

本項執筆：ファイナンシャル・プランナー　豊田眞弓

離婚したあと、生活が落ち着いてきたら、中長期の生活設計について考えましょう。計画的に備えておかなくてはいけないお金としては、子どもの教育費と老後資金があります。

＊落ち着いたら「未来の自分への仕送りプラン」を

家計に関して一度取り組んでほしいのが、「未来への仕送りプラン」の作成です。何のために、いくら貯めるべきかを整理したものです。仕送りの相手は、未来の自分です。

作成自体は難しくありません。次ページ表のように、貯めるべき目的と目標額を書き出します。誰にとっても絶対に必要なものが生活予備費です。何かの理由で収入が途絶えたり、養育費が滞ることもあるかもしれません。急な出費が発生する場合もあります。想定外の事態に備えるため、生活費の3か月分を目安に用意しておきましょう。

他にも、子どもの教育資金や親資金（親の入院・介護で駆け付ける交通費など）、老後資金、表にはありませんが、住宅を買う予定なら住宅資金も加えましょう。あとは、どうやって貯めるかなどをメモ欄に記入するだけ。

この「仕送りプラン」の実現に無理がありそうなら、支出削減や収入アップ、お金に働

■未来への仕送りプラン

目的	目標額	どう貯める？	
		月額	メモ
生活予備費	30万円	5000円	普通預金。家計の防波堤として最初に貯めるもの。生活費の3か月分が目標。
教育資金	250万円	1万円	学資保険など。高校卒業後の学費。児童手当とお年玉等で近い額は貯められます。
親資金	30万円	5000円	自動積立定期。余力があれば。親の介護の際の備えにもなります。
老後資金	200万円	1万円	個人年金保険やつみたてNISA。人生100年時代、老後資金も大事。目標額は徐々に上げましょう。

いてもらう投資を研究するなどの対策を考えましょう（投資にはリスクもありますが）。

投資ビギナーさんであれば、「つみたてＮＩＳＡ」という制度を上手に活用するといいでしょう。年間40万円まで（最長20年）の投資信託の積立で、配当や運用益が非課税になります。コストが低い長期積立に向く商品が並んでいます。期間が長いので、インフレに備える意味でも、老後資金の積立などに活用するのに向いています。

＊進学費用は中学卒業までにめどを

高校卒業後、大学や専門学校まで行かせたいと考えるなら、子ども１人につき「２００万〜３００万円」を目安に貯金を。足りない分は奨学金で補えばどうにかなります。最もラクな準備法は、毎月コツコツと貯めること。中学卒業までにある程度貯め終えることを目標にしましょう。難しいなら目標額を下げてもいいので、とにかく着手することです。

ちなみに、児童手当を教育費としてキープしておけば、0～15歳で200万円弱になります。これにお年玉などの貯金を足せば、目標はほぼ達成可能です。

貯めたお金は、職場の「財形貯蓄」や銀行の「自動積立定期」、または保険会社の「学資保険」などに入れておきましょう。インフレに備えて「つみたてNISA」を使うのも一案ですが、リスクのある商品は準備資金の1～3割以内に抑えましょう。

＊教育費には自治体からの様々なサポートも

教育費は将来の準備とともに、目先でかかる分にも対応しなくてはなりません。しかし最近は、様々なサポートが増えています。

例えば、公立保育園はひとり親家庭は比較的入りやすく、所得によりますが費用は低く抑えられています。公立保育園に入れず、やむを得ず無認可保育園に入った場合でも、自治体によっては保育料の一部を補助してくれるところもあります。

小・中学校時代は、所得によっては「就学援助制度」で給食費や学用品費などを援助してもらうことができます（180ページ参照）。高校も、国による「高等学校等就学支援金制度」で、所得が一定以下の場合、公立なら授業料月9900円が支給され、私立高校でも最大で2・5倍までの支給を受けられます。また最近は、都道府県ごとに、私立高校の入学金や授業料等を補助する制度も充実してきました。

さらに、所得が低い世帯を対象に、「高校生等奨学給付金」として、国公立の高校等における授業料以外の教育費負担を軽減する支援制度もあります。他にも、東京都の例ですが、所得が一定以下の世帯に塾代や受験料を無利子で貸し出す「受験生チャレンジ支援貸付事業」という制度も。貸付といいながら高校・大学に合格すると返済が免除になります。

大学時代については、ひとり親世帯は日本学生支援機構の無利子奨学金が借りやすいほか、所得が低い場合は、高校等の推薦があれば給付型奨学金も利用できます。また、日本政策金融公庫の「国の教育ローン」を借りる場合でも、金利や返済期間の優遇があります。ほかにも、母子父子寡婦福祉資金貸付の「就学支度資金」や「修学資金」を無利子で利用することもできます（166ページ参照）。

＊老後資金のため「年金分割」を忘れずに

人生100年時代などと言われ、老後が長くなっています。とくに男性より長生きの女性は老後にしっかり備えておく必要があります。末子が中学を卒業したら、自分の老後資金の準備も始めておきましょう。

老後資金の貯蓄目標額は、簡単に言えば、リタイヤ後にかかる費用の累計から、年金などでもらえる額の累計を引いた額です。

老後資金の目安としては、おひとり様の会社員で退職金を含め2000万円とも言われます。介護にもお金がかかる時代です。年々平均寿命が延び、人生が長くなっていますので、油断せずに老後資金の準備をしましょう。

また、自分の老後に少しでも余裕をもたせるためにも、厚生年金に入っている配偶者と離婚をする際には、「年金分割」の手続きを必ず行ないましょう。結婚していた期間について、将来、受け取る年金額を一部付け替えてもらうのです。

国民年金は夫婦それぞれなので、対象になるのは厚生年金の部分だけです。ただし、付替えはあくまでも記録上のことで、恩恵を実感するのは年金を受け取る時期になってからです。

主婦やパートなどの「第3号被保険者」（サラリーマンの配偶者等）の場合、2008年4月1日以降の分は請求手続きだけで自動的に分割されます。2008年3月以前も結婚していた場合は、その分の分割については夫婦での合意が必要です。合意できないときは、家庭裁判所に申立てをして裁判所が按分《あんぶん》割合を定めます。いずれの分割も離婚後2年で請求権がなくなるので、早めに手続きを！

4-7

ひとり親家庭向けの保険選びのコツ

本項執筆：保険ジャーナリスト　森田直子

ひとり親にとっては、その日を生きていくだけで精一杯で、将来のことなど考えている時間も余裕もない、と感じる人も多いかもしれません。でも、もしも自分が過労で倒れて入院してしまったら、その後の生活はどうなるでしょうか？

よく考えれば、やみくもに頑張りすぎて無理をすることは、非常に危険であることに思い至るはずです。

日々健康的に生きると同時に、もしもに備えて保険を考えたり、将来に向けてわずかでも貯蓄に回すなど、「将来を考え、計画を立てる気持ちを維持すること」は、人として、また親としても大切です。親子で協力し工夫して、未来に夢や希望をもち生きていくことが本当の幸せだからです。現実を見つめ、賢い保険選びをしていきましょう。

＊ひとり親が選ぶべき保険の優先順位

病気やケガ、万一のことなど、もしものリスクへの対応は、起こる確率が高い順番から考えます。また将来に向けての貯蓄も、必要性の高い順に考えます。予算が足りない場合は、優先順位の低いものから順に思い切って削りましょう。

①自分が入院したときの医療費や生活費の確保 ↓ ②自分が病気やケガで長期間働けないときの収入の確保 ↓ ③自分が死亡したときのその後の子どもの学費や生活費の確保 ↓ ④子どもの学費の積立て ↓ ⑤子どもが入院したときの医療費の確保 ↓ ⑥自分の老後資金の積立て

＊まずは医療保障の確保を

ひとり親の人にまず確保してほしい保険は「医療保険」です。ひとり親の場合、医療費自体は一部助成を受けられますが（自治体による）、入院すると医療費以外にもお金がかかるからです。例えば、差額ベッド代、食費、先進医療費などは自己負担です。このほか、病院に通う交通費や入院中の生活費も思いのほかお金がかかります。

医療保険は、入院日額５０００円などの掛け捨てタイプを選ぶと保険料も安く、20代の人なら月額２０００円以内で加入できます。

＊働けなくなったときの収入源の確保（就業不能保険）

病気やケガで60日以上など長期間働けない状態になると、家族の生活に大きな影響が出て、子どもの将来を左右することになりかねません。就業不能保険についてもできるだけ確保しましょう。公的保障で不足する分を確保する、と考えるといいでしょう（左ページ

■重い病気やケガで働けなくなったときの公的保証

自営業など国民健康保険や国民年金に加入している人は、サラリーマンの人よりも、働けなくなったときの公的保障が不足しています。

	健康保険からの給付（1年6か月まで）	公的年金からの給付（※）（1年6か月後以降）
サラリーマンなど（健康保険、厚生年金加入者）	傷病手当金（標準報酬月額の2/3）	障害厚生年金 障害基礎年金
自営業など（国民健康保険、国民年金加入者）	（ナシ）	障害基礎年金

※障害基礎年金と障害厚生年金を受けるには、障害等級の認定が必要です。

■自分が死亡時、18歳到達年度末までの子が受け取る公的保障

	子ども18歳まで（障害者の場合20歳まで）
サラリーマンなど（健康保険、厚生年金加入者）	遺族厚生年金 遺族基礎年金
自営業など（国民健康保険、国民年金加入者）	遺族基礎年金

図表参照）。

＊自分に万一のことがあったときの死亡保険の選び方

自分にもしものことがあったときのことも、ぜひ目をそらさずに考えてみてください。そのあとに子どもを引き取るのは誰でしょうか？　別れた元夫（元妻）になるのか、あるいは自分の親や兄弟姉妹なのか。それによって用意すべき保障が異なります。例えば、親が面倒を見てくれる場合、親に収入がなければ、学費に加えて生活費も準備する必要があります。

ただし、国の公的保険（国民年金・厚生年金）から遺族年金が子どもに支払われますので（18歳まで）、その公的保障を差し引いた上で、さらに不足する分の保障を確保する、と考えるのが効率のいい死亡保険の選び方です。保険代理店窓口などに相談すると算出をしてくれますので有効に活用しましょう。

＊子どもの学費の積立て

子どもの学費の積立てには「学資保険」や貯蓄性のある「終身保険」が活用できます。保険の場合、親に万一のことがあったときにその後の保険料の支払いが不要となるという特徴があり、この点が普通の貯金にはない利点です。

ただし途中で解約するとかえって損をしますので、無理のない金額設定で積み立てることがポイントです。近年は10歳や12歳までなど、比較的学費がかからない期間に前倒しで支払うタイプが人気です。

子どもの医療保障は基本的に不要ですが、子どもがスポーツをしている場合など、ケガが心配であれば傷害保険（ケガのみの保障）を活用しましょう。

＊公的保険への加入手続きを忘れずに

正社員の人は会社で公的な医療保険や厚生年金に加入していて、給与から自動的に保険料が天引きされています。でも、アルバイトや自営業の人は国民健康保険や国民年金に自分で加入手続きをして保険料を支払います。この手続きが遅れたり、未納のまま放置しないよう気をつけてください。

支払いが困難なときは免除制度もありますので、役所の窓口に必ず相談しましょう。公的保険は、もしものときの保障が一番充実しています。

先輩ひとり親に聞け！

ひとり親ならではの節約術

❖生活のくふう

●家族が少ないのと家が狭いのとで、いちばん快適な1部屋で一緒に寝起きすることが多く、結果的に光熱費の節約になっている気がします。（のばらさん・東京都）

●お風呂は子どもと2人で一緒に入って光熱費節約。思春期なんてなんのその、12歳ですけど、まだまだ一緒に入ります。（まろんまろんさん・広島県）

●触れ合いも兼ねて一家団体行動。お風呂も寝るのも一緒。電気代もかからず○。（匿名・東京都）

●電気代の節約にLEDを使用。フードバンクへ登録をして食費を抑える。無駄な買い物はせず、出かけるときも必要最低限のお金しかもって出ない。（ウェッティさん・東京都）

●買い物に行く回数を減らす。食材は生協を利用して届いたものを使い切るなどでやりくりします。（玉希さん・東京都）

●できるだけ外食はやめて外出する際はお弁当を作ってもっていったりします。（ジャックさん・鹿児島）

●服はオークションやリユースのお店を活用。食費はサポート団体があれば頼っています。（さゆきさん・岡山県）

❖支援制度・割引制度を利用して節約する

●東京都のひとり親家庭は、申請すると都営バスと都営地下鉄が無料になるパスをひと家庭で一人分だけもらえるので（ただし所得制限あり）、外出するときはなるべく都営バスや都営地下鉄に乗り継いで行き、交通費を浮かせていた。（こぶたさん・東京

都）

●地方自治体の保養所が一般に開放されています。保養所を利用すれば予算1万円程度の温泉旅行も夢ではありません。ひとり親家庭だけの制度ではありませんが安く旅行できるのでお奨めです。（匿名・千葉県）

❖ひとり親家庭を武器に節約する

●無理に誘われて困るときは「ごめん、ひとり親家庭なので余裕がなくて」と言えば無理強いもされず、意外と便利なときあり。（匿名・東京都）

●公園などを散歩しているときに、近くに住むおじいちゃん・おばあちゃんと仲良くなりました。「母子家庭で子どもが食べ盛りで大変なの」とグチをこぼしたところ、畑で取れた野菜やらお米やら色々くれるようになりました。散歩中に畑仕事をしているおばあちゃんと毎日挨拶を交わしていたら、お野菜を分けてくれるようになりました。新聞の集金の方とも仲良くなったらお歳暮やお中元のおすそ分けをしてくれるようになりました。健康と節約のためにも散歩や挨拶は欠かせません（笑）（あこさん・岐阜県）

●「シングル」を最大に利用して家電など大物を買うときは「うち、母子家庭だからまけて？」などと平気で言います。（よねちんさん・東京都）

●毎週末遊びに来る彼氏に手料理を食べさせるのですが、その際のお買い物は当然カレに出してもらいます。そのついでに、ちゃっかり3日分くらいの食材をお買い物カゴに入れることも多々。（匿名・千葉県）

●お友達家族と食事などに行ったときには家族割りにすると割り勘負けするので「うちはパパがいないので大人の人数割りにしてもらってもいい？」って交渉して割り勘にします。セコイけ

ど当たり前のことだと思います。（ゆうこさん・千葉県）

❖節約もさることながら将来の保障が大切（保険の話）

●主婦のときには医療保険だけだったが、死亡保障のある生命保険に入った。（みやさん・東京都）

●離婚をしてから自分の保険を増やした。以来、どんなに苦しくても保険料だけは払おうと心に誓ってきた。おかげで入院したときは本当に助かった。（nyaoさん・東京都）

●死亡保障より入院保障重視の保険に変更。私が病気になると途端に生活に影響が出るので。（Qooさん・北海道）

●掛け捨ての、掛け金が低い保険に入り直しました。「もしも」のときの死亡保険金は、2000万円位。（さちこさん・大阪府）

●郵便局の養老保険を解約して、都民共済の医療保険に加入。とりあえずお金がなかったので、養老保険でたまった分を資金にしたかった。離婚後は貯蓄性のあるものより、安い掛け捨て型の都民共済がベター。（こづえさん・東京都）

●学資保険に加入。貯金するのは無理！と思ったので、必ず支払わなければならない保険に加入して、貯金と思って払っています。（友実さん・福岡県）

●生活が苦しいときにもこらえて学資保険だけは解約しないで続けました。子どもが高校、大学へと進学するときに出るお祝い金など何かと物入りの時期にお金が入るのは本当に便利で続けてよかったと実感しています。学資保険はお奨め。（匿名・千葉県）

第5章

子連れ離婚を支える支援制度

ひとり親が受けられる支援は、子育て支援から就労・住宅支援までたくさんあります。でも、待っているだけでは情報は届きません。自分から積極的に取りに行って、どんどん活用してください。

5-1 ひとり親家庭向けの様々な支援

＊支援情報の手に入れ方

ひとり親が受けられる支援は子育て支援から就労支援、住宅支援まで様々ですが、黙って待っていても情報が自然に入ってくることはありません。広報が不足していることも原因ですが、それだけではなく支援を受ける側に積極的に情報を取りに行く姿勢が足りないことも原因だと思います。

行政窓口は敷居が高く苦手な人のほうが多いと思います。「できれば用事だけ済ませて早く帰りたい」と思っている人が多いはず。すると、ひとり親が相談窓口を訪れるのは、大概は児童扶養手当現況届提出の時期（8月）のみになります。ですが、その時期は役所は手続きで混雑して、忙しいので丁寧な対応ができません。窓口で冷たい対応をされ、さらに敷居が高くなり、よけいに行きたくなくなるのではないでしょうか？

使える制度はたくさんあるのに、皆さん意外と知らないため生かされていないことを、カウンセリングやホームページに寄せられる声を通して感じています。

＊相談員に相談する

また私は仕事柄、ひとり親家庭の相談員さんとお話しすることも多いのですが、支援したいという思いがなかなか当事者に伝わらずに、どこまで踏み込んだらいいものか困っているというお話も伺います。支援側はどこまでプライベートなことに踏み込んでいいのかわからず、当事者が何を望んでいるのかそっと伺いながら、十分な情報を与えられないことにジレンマを感じていることもあるようです。

情報を手に入れて上手に生かしたいと思ったら、難しいかもしれませんがあまり垣根を自分から作らずに、支援する側が支援しやすいような対応ができるといいと思います。

私もなかなか忙しくて役所に必要もないのに足を運ぶことはできなかったのですが、娘の進学資金の貸付の相談に行った折に貸付以外の様々な制度やひとり親の就労支援の現状など、現場の声を色々と伺うことができて、制度も生かせたし、取材にもなるし、一石二鳥で、たまにはこうしてゆっくりと相談員さんとお話できるのはいいなと感じました。

どこの自治体にも相談員さんが配置されていますので、前もって電話して相談の時間を予約するなどして、余裕をもってお話できる時間を一度設けてみるといいかと思います。予約なしでも話はできますが、余裕をもって話すためには事前に連絡していくことをお奨めします。

民間団体の行なっている支援情報についてはこの章でも触れますが、インターネットや男女共同参画センターにおいてある情報を生かしてアクセスされることをお奨めします。

5-2

児童扶養手当

＊児童扶養手当の申請

離婚が成立したら、必ず早めに手続きしてほしいのが児童扶養手当の申請です。

児童扶養手当はひとり親家庭などの子どもの福祉の増進を図ることを目的とした国の制度です。両親が離婚して同居を解消した子ども、父または母が死亡した子ども、未婚の母の子どもなどの養育者に対し、子どもが18歳に達する日以降の最初の3月31日まで支給されます。ただし所得制限があります。

申請方法は市区町村窓口に請求に必要な書類を提出して受給資格の認定を受けます。必要書類は人によって異なる場合がありますので、二度手間にならないように必ず事前に窓口相談を受けることをお奨めします（電話による問い合わせも可能です）。

受給資格の認定を受けると支給月にそれぞれ前月分までがまとめて支払われます。申請した口座に自動振込みになります。

毎月支払われるのではないので、申請時期によっては支払いまで少し待つことになります。離婚の翌月から手当を当てにしていると「こんなはずじゃなかった」ということになりかねませんのでご注意を。

また、恋人と共同生活をしていると、それ以外の要素は一切考慮されることなく、事実

■児童扶養手当の計算（平成30年8月現在）

第一子の分の計算式

手当月額

＝42,500円－〔（☆受給者の所得額－★所得制限限度額）×0.0226993＋10円〕

→下線部分は10円未満を四捨五入

☆受給者の所得額

＝（年間収入金額－給与所得控除額等＋養育費の8割）

★所得制限限度額…子どもの人数によって変わる。1人の場合87万円、2人の場合125万円、3人の場合163万円

（以下、1人増えるごとに38万円を加算）

全部支給は42,500円、一部支給は42,490～10,030円になります

第二子以降の手当額

第二子…全部支給：10,040円　一部支給：10,030～5,020円
第三子…全部支給：6,020円　一部支給：6,010～3,010円

手当月額の目安（子どもが1人の場合）

所得額	87万円未満	158万円	230万円未満
手当月額	42,500円（全額）	26,370円	10,030円（最低）

婚が成立しているものとみなされ手当の支給対象になりません。頻繁に定期的な訪問があり、生活費の援助を受けている場合にも事実婚とみなされますので、気をつけてください。

さらに前年度にもらった養育費の8割が自己申告制で所得として算定されます。

同一世帯の収入により審査されるので親と同居の場合は親の収入も合わせて審査対象になります。離婚して実家に戻る人は注意してください。

5-3 母子父子寡婦福祉資金貸付と育児・就労支援

＊いざというときにお金を貸してくれる母子父子寡婦福祉資金

ひとり親の生活の安定と子どもの福祉を支援するために、12種類の貸付制度があります。借りるにあたっては保証人が必要ですが、無利子や低金利で、返済の据え置き期間もあります。生活資金や学費などに困ったら、民間の高金利の貸付を利用する前に行政窓口に相談してください。

〈独立、就労を支援してほしい！〉

・**事業開始資金**（貸付対象…ひとり親・母子・父子福祉団体）
事業を開始するのに必要な設備、什器、機械などの購入資金。

・**事業継続資金**（貸付対象…ひとり親・母子・父子福祉団体）
現在営んでいる事業について継続するために必要な商品、材料などを購入する運転資金。

・**技能習得資金**（貸付対象…ひとり親）
自ら事業を開始し、または会社などに就職するために必要な知識技能を習得するために必要な資金（例／ホームヘルパー、パソコン、栄養士など）。

・**就職支度資金**（貸付対象…子ども・ひとり親）
就職するために直接必要な被服、履物などおよび通勤用自動車などを購入する資金。

〈生活を支援してほしい!〉

・**医療介護資金**（貸付対象…子ども・ひとり親）
医療または介護を受けるために必要な資金（期間が1年以内の場合に限る）。

・**生活資金**（貸付対象…ひとり親）
知識技能を習得している期間や、医療もしくは介護を受けている間などに、生活を安定・継続するための生活補給資金（ひとり親家庭になって7年未満まで）。

・**住宅資金**（貸付対象…ひとり親）
住宅を建築、購入、保全、改築、または増築するのに必要な資金。

・**転宅資金**（貸付対象…ひとり親）
住居を移転するための住宅の賃借に際し必要な資金。

〈子育てを支援してほしい!〉

・**就学支度資金**（貸付対象…子ども）
就学・修業するために必要な被服などの購入に必要な資金。

・**修学資金**（貸付対象…子ども）
高等学校、大学、高等専門学校または専修学校に修学させるための授業料、書籍代、交通費などの必要な資金。

・**結婚資金**（貸付対象…ひとり親）

ひとり親が扶養する子どもの婚姻に際し必要な資金。

・**修業資金**（貸付対象…子ども）

事業を開始または就職するために必要な知識技術を習得するために必要な資金。

事業の独立開業に関する貸付については、事業計画書が必要です。中小企業診断士等の審査もあり事業計画が甘いと簡単には借りられない制度です。私も起業するときに相談してみましたが「民間の貸付を受けたほうが楽ですよ」と言われて諦めました。就学支度資金や修学資金など子どもに関する貸付は、比較的早く審査も通りやすい制度なので進学等に上手に利用されることをお奨めします。

無利子や低金利といっても借金であることには変わりありません。返済がルーズな人のために未回収金が増えると貸付予算幅が狭くなってしまい、支援を必要としている人たちに届かなくなります。返済計画に無理がないように考えて利用してください。

＊忙しいひとり親の子育てをサポートしてくれる制度

シングルマザーは「働くお母さん」というよりも「働かなくてはならないお母さん」です。子育てしながら働かなくてはならないシングルマザーやシングルファザーを応援する子育て支援制度がいくつかあります。上手に利用して仕事との両立をはかりましょう。

〈ファミリーサポート制度〉

アンケートでもたくさんの先輩ひとり親が便利に利用していたサービスです。子育ての手助けをしてほしい人と手助けをしたい人をお互いに会員として登録し、会員同士で地域で相互援助活動を行なっています。保育園の開始前や終了後の子どもの預かり、保育園の送迎、小学校の放課後の託児、残業や必要な外出の際の子どもの預かりなどをしてくれます。1時間あたり800円程度と民間のベビーシッター会社の半額以下なのもありがたいところ。自治体によっては、ひとり親家庭は利用料の助成を受けられます（児童扶養手当と同じ収入制限あり）。

〈ひとり親家庭ホームヘルパーサービス〉

自治体によっては、義務教育修了前の子どもを養育しているひとり親家庭は、一時的な病気のときなどにホームヘルパーを派遣してもらえます。育児だけではなく家事もサポートしてもらえるのが嬉しい制度です。所得金額により本人負担があります。

〈医療費助成制度〉

子どもが病気をすると看病のため仕事を休んで賃金が削られたりするなど、ただでさえ苦しいのにさらに医療費がかかるのが厳しい現実です。そんなときに頼りになるのが「ひとり親家庭医療費助成制度」です。

多くの自治体で実施している支援制度の1つで、ひとり親家庭を対象として、健康保険が適用される医療費の一部を助成してくれるものです。

自治体によって支給の仕方は様々で、事前に「ひとり親家庭医療証」を交付している自治体もあれば、診療後にかかった医療費を申請して、後日戻ってくるところもあります。地域によって様々ですのでお住まいの自治体窓口にて確認してみてください。

〈一時保育・夜間保育〉

子どもが保育園に入っておらず、就労の面接や、親自身の病気などのため平日日中に子どもを一時的に預けたい場合は、一時預かりを行なう保育園を探します。自治体の窓口に、近隣にあるか問い合わせてみましょう。数はまだまだ少ないものの、昼間だけでなく夜間もやっている認可保育園もあります。

〈病児・病後児保育〉

子どもが病気にかかって保育園に預けられないけれど、自分も休みが取れない、という場合は、病児保育や病後児保育が必要になります。

病児保育には「施設型」と「訪問型」の2種類があり、託児タイプの「施設型」は安価なのがありがたいですが、施設数が少ないため近隣にあるとは限らず、また予約が取りづらいこともあります。「訪問型」は料金が高めですが、自宅に保育士さんが来てくれるので子どもは慣れた環境で過ごせるという利点があります。事前に登録が必要なので、いざというとき慌てずに済むよう、時間があるときに申し込みを。

なお首都圏に限られますが、認定NPO法人フローレンス（178ページ参照）では、篤志家による寄付を原資に、ひとり親家庭への訪問型病児保育を低価格で提供しています（所得制限あり）。

〈子育て短期支援事業・夜間養護等事業〉

自治体によっては、子どもの養育が一時的に困難になったときに、7日以内まで宿泊付きで子どもを預かる子育て短期支援事業（ショートステイ）や、夜間や休日に預かるトワイライトステイ事業を実施しています。事業実施の有無や利用方法、料金、施設などについては、各自治体に問い合わせてください。

＊個々の事情に配慮して応援してくれる就労支援制度

現在、国が最も力をいれているのが就労支援です。離婚前から仕事をしている人は問題ありませんが、子持ちの就労事情には厳しいものがあります。上手に支援を生かして職探ししましょう。

〈母子家庭等就業・自立支援センター事業〉

様々な相談窓口がありますが、まずはひとり親を対象にした相談機関に相談されることをお奨めします。母子家庭等就業・自立支援センター事業は、全国60か所で実施しており、個々の家庭の状況、職業適性、就業経験に応じて相談を受けたり、就業支援講座の開催やハローワークなどの職業紹介機関と連携した情報の提供等を行なっています。お住まいの地域のセンターがどこにあるのか、市役所等に確認して相談に訪れてください。

〈ハローワークとマザーズハローワーク〉

ハローワーク（公共職業安定所）も職探しには欠かせない機関です。ハローワークの求人情報は給与や待遇など最低の基準をクリアしたものばかりで、しかも最新の情報を検索できるので便利です。

とくに、ひとり親については雇用促進制度があり、雇用主が助成金制度を活用することができます。「特定求職者雇用開発助成金」と「トライアル雇用奨励金」です。求職申し込みの際に窓口でひとり親であることを伝えてください。

全国に21か所（平成29年）あるマザーズハローワークは、子育て中の人がスムーズに就労できるように支援している機関で、子連れで職探しができるようにキッズコーナーを設置しています。託児付きの求人や子育てに理解のある企業の求人を紹介しています。ハローワークには、「マザーズコーナー」が設置されていることも多く（全国173か所）、マザーズハローワークと同等の役割を果たす機関となっています。

「マザー」とネーミングされていますが、シングルファザーの利用も可能です。

〈求職者支援制度〉

雇用保険を受給できない求職者の方が職業訓練によるスキルアップを通じて早期の就職を目指すための制度です。ハローワークが受付窓口となっており、一言で「職業訓練」といっても色々な内容があります。資格取得向けの訓練もあれば、スキルを習得するだけのコースもあります。受講料は無料で、受講手当が月額10万円と通所手当（訓練実施期間の交通費）が支給されます。

〈自立支援教育訓練給付金制度〉（窓口…自治体）

ひとり親の主体的な能力開発を支援するもので、雇用保険の教育訓練給付の受給資格を有していない人（「失業中」に当たらない人）が指定教育講座を受講し、修了した場合、経費の60パーセント（1万2千1円以上で20万円上限）が支給されます。

〈高等職業訓練促進給付金制度〉（窓口…自治体）

ひとり親が看護師や介護福祉士等の資格取得のため、1年以上養成機関等で修業する場合に、就業の全期間に対して課税世帯に月額7万5百円、非課税世帯に月額10万円の手当を支給することで、生活の負担の軽減をはかり支援するものです。

認められている資格は各自治体によって違いますので、目指している資格が該当しているか自治体窓口で確認してください。審査によって給付金支給の可否が決定されます。

この他、各自治体が就労支援セミナーやパソコン講習など就労に関するセミナーの開催をしています。公報をチェックするか、お住まいの市役所等の窓口でお問い合わせください。

＊自治体が独自に行なう支援

例えば東京都の場合、所得制限などの条件を満たすひとり親家庭には「児童育成手当」として、月額1万3500円（平成30年4月現在）が支給されます。このほか、条件をクリアするひとり親家庭は、都営地下鉄・都営バス等の無料パスの発行や、上下水道料金の免除などを受けることができます。

このほかにも、就労支援としてパソコン貸出し付きのセミナーを実施している自治体もあります。自分の住んでいる自治体にも、独自のサービスがないか念のため問い合わせてみましょう。

Column 明石市の「離婚前後の子どもの養育支援」

兵庫県明石市は「離婚前後の子どもの養育支援」において、一歩進んだ施策をとっていることで知られています。

たとえば、離婚届を取りに来た人に配布する「こどもの養育に関する合意書」。

これは離婚する親たちに、子どものことについて話し合い、取り決めすることを促すものです。合意書の内容は、「親権」、「養育費」（金額や支払い期間・時期・方法等）、「面会交流」（頻度や場所、連絡方法等）など。作成・提出は義務ではありませんが、離婚の影響を大きく受ける子どもたちを守るために導入したということです。

市ではこのほか、「親の離婚とこどもの気持ち」、「こどもと親の交流ノート（養育手帳）」などの冊子も配布しています。

サポート体制も充実しており、市民相談室では毎月1回、専門の相談員（公益社団法人・家庭問題情報センターから派遣される）が養育費や面会交流などに関する相談を受けています（要予約）。また、市職員が面会交流のコーディネート（連絡調整・子どもの受け渡し・付き添い）を行なっています。

明石市長の泉房穂さんは、弁護士として長年市民から様々な相談を受けてきた経験から、こういった施策に積極的に取り組んでいるのだそう。今後も、養育費の支払いがより確実に行なわれるよう、新たな施策を検討しているということです。

先輩ひとり親に聞け！

児童扶養手当

●世帯分離届けを出していても、同一住所に住む場合、同居人（親）の所得も計算されるので手当てが受けられずに困っています。この辺も考慮して離婚後の生活設計をされることをお奨めします。（ゆむゆむさん・新潟県）

●毎年現況届を提出する必要があります。この届出をしないと手当を受給できなくなるので必須ですが、8月に会社を休んで手続きに行くのが大変です。郵送受付ができないので覚悟してください。（匿名・千葉県）

●元夫が毎月2万送金してきますが、これは養育費ではなく、和解金の分割という名目で受け取っています。当然、児童扶養手当の申請で申告する必要ナシ。知恵をつかわなければ、母子家庭はやっていけません！（あべさん・東京都）

●子どもが2人いても2人目はたったの7千円だけ。育児にかかる金額は同じなので倍額もらえないので生活が苦しいです。（emiさん・宮城県）

●現況届のとき、毎年必ず不正受給の注意を窓口で延々と聞かされ、疑われているようで悲しくなります。（おおさん・千葉県）

●手当を生活費にしないで、できるだけ貯蓄できるように工夫しています。子どもの進学費など将来の蓄えをしておきたいと思っているので。（きみこさん・千葉県）

5-4 民間のネットワーク・支援団体

＊ひとり親のネットワーク作り

私が離婚後に求めていたものは同じ経験をしている仲間の声でした。そこで私は離婚後にホームページ「母子家庭共和国」を立ち上げ、たくさんの仲間に出会いました。

今なら、フェイスブックなどのソーシャルネットワーキングサービス（SNS）がお奨めです。SNSなら簡単に自分の紹介ページを立ち上げることができ、日記などを配信することによって同じ境遇の仲間と友達になれたり、「離婚」や「ひとり親」をテーマとしたコミュニティに参加して仲間を探すこともできます。

＊活躍中の民間団体

ひとり親を支援する民間の応援団体もいくつかあるので、特徴を理解してご自分に合った会を選び会員登録し、情報を生かしてネットワーク作りにお役立てください。

・NPO法人M―STEP（http://m-step.org/）

私が理事長をつとめる団体です。ひとり親の恋愛や再婚、子連れ再婚家族（ステップファミリー）支援を目的に様々な活動をしています。定期的な会員交流会、カウンセリングサービスや支援者向けのカウンセリング講座などを行なっています。ひとり親になって恋愛に興味をもったとき、悩んだときには頼りになります。

・NPO法人キッズドア(http://www.kidsdoor.net/)

教育に多額の費用がかかる日本では、親の経済力の差が学力格差につながっていて、それが不利な就職にもつながっています。キッズドアは経済的に苦しいひとり親家庭や児童養護施設、被災地で暮らす子どもたちが、高校や大学への進学を諦めることなく頑張れるような社会を目指して活動しています。

・認定NPO法人フローレンス(https://florence.or.jp/)

ひとり親家庭は子どもが熱を出したら休みが何日も続いてしまい、収入減や失職のリスクが高まります。フローレンスはひとり親家庭のために寄付を原資に低価格の病児保育を提供し、支え合える社会を目指して活動しています。フローレンスの病児保育はその日の朝8時までに依頼すれば利用できる嬉しいサービスです(事前に要会員登録)。

・NPO法人しんぐるまざあず・ふぉーらむ(http://www.single-mama.com/)

1980年に児童扶養手当削減に反対したシングルマザーたちが集まって会を発足しました。2002年に法人化し、当事者を中心にシングルマザーが子どもとともに生きやすい社会を求めて提言活動を行なっています。新年会や夏合宿等の交流会も盛んです。北海道、岩手、福島、富山、福井、関西、出雲、松山、福岡、沖縄に姉妹団体があります。

＊電話相談できる民間の離婚相談窓口

民間団体には無料で電話相談を行なっているところがたくさんあります。ただし、以前に私のクライアントが何でも相談可能な電話相談に電話をして「これからあなた大変よ！離婚なんかやめたほうがいいわよ」と言われ、ますます落ち込んでしまったことがありました。離婚相談はカウンセリング知識と法律知識の双方が必要なので、専門の相談窓口に相談されることをお奨めします。

・NPO法人M－STEP（050－5576－3513）

無料相談あり。有料相談は事前予約制で、メールカウンセリング（往復3千円）や電話カウンセリング（40分5千円）、対面カウンセリング（1時間1万円）を行なっています。

・家庭問題情報センター「無料電話相談」（03－3971－8553）

毎週水曜日と金曜日の午後1時～4時まで。対面相談は有料で予約制（1時間5千円）。相談室が東京、大阪、千葉、名古屋、広島、福岡、栃木にあり。

・しんぐるまざあず・ふぉーらむ

毎週火曜と水曜の夜（15～21時）、無料電話相談を受け付けています。メール相談は随時受付中です（祝日は休み）。

5-5 就学援助制度と奨学金

＊就学援助

子どもが小中学校で学ぶのに必要な費用を、自治体が援助する制度です。所得制限がありますが、多くの自治体において、児童扶養手当を受給するひとり親世帯は支給対象となります。支給内容は自治体によって異なり、たとえば「学用品費」「通学用品費」「校外活動費」「新入学児童生徒学用品費等」「修学旅行費」「給食費」「医療費」「通学費」などの項目があります。受給する場合は、就学援助受給申請書（学校で入手できることが多い）に必要事項を記入・捺印し、必要な書類を添えて、学校に提出してください。

稀に、ＰＴＡ会費も就学援助の対象となる場合がありますが、ＰＴＡは任意加入の団体です。もし加入しない場合は、校長先生にその旨を伝えてください。

＊奨学金

経済的な理由から子どもたちが大学進学を諦めることがないように、各種奨学金制度があります。これまでは、社会人になってから奨学金の返済に苦しむ人が少なくありませんでしたが、最近は返済不要の「給付型奨学金」を拡充する動きが広がっています。最新の情報を収集して、子どもの将来の選択肢を確保しましょう。

先輩ひとり親に聞け！

ネットワーク作りのコツは？

●私のリア友はやはり保育園ですね。幼稚園よりも保育園のほうがシングルママが圧倒的に多いと思ったので入園させる前からそこで作る気満々でした。すぐにシングルの友人ができました。子どもが小学校高学年になった今でも旅行に行ったりしょっちゅう遊んでいます。土日は皆家族で出かけてしまうので 遊び相手を見つけるためにもシングルのリア友は必要だと思いました。（都さん・○○県）

●幼稚園に仲良しのシングルマザーがいます。たまたま隣に座ったお母さんが離婚してる人でした。初めてのクラス食事会のとき、「離婚して地元に帰ってきました？」と自己紹介したんです。そうしたら、個人的に色々話しかけてくれる人がたくさんいました。皆さん、悩みがあるのねと改めて実感したときでした。思い切ってぶっちゃけてみるのもありです♪（ちいままさん・○○県）

●仲間探しはインターネットが便利です。「ｍｉｘｉ」（http://mixi.jp/）などのソーシャルネットワークシステムの中には必ずいくつかのシングルマザーのコミュニティがあるので参加して仲間探しをしています。（えりこ・千葉県）

●携帯サイトでブログを書いています。シングルマザーであることをカミングアウトしているので「私もシングルマザーです」というメールや掲示板への書き込みをよくもらいます。数人とメール交換をして友達になりました。（ゆうみ・東京都）

●今住んでいる地域がわりとしっかり、ひとり親家庭を支援してくれているので、困ったときは役場の社会福祉課に相談します。申請が必要なときは、役場からも連絡が来るので、ひとり親であることを役所に伝えておくのは大事かもしれません。（Ａｍｋｏさん・東京都）

Column 元配偶者との離婚後の関係

離婚後の養育について規定した現行民法の766条はこのようなものです。

「父母が協議上の離婚をするときは、子の監護をすべき者、父又は母と子との面会及びその他の交流、子の監護に要する費用の分担その他の子の監護について必要な事項は、その協議で定める。この場合においては、子の利益を最も優先して考慮しなければならない。」(2011年4月改正)

以前は、離婚による子に関する取決めの必須事項は、親権だけでした。近年は養育費の取決めも促進されて、同様に面会交流の取決めも推進しようという動きがあります。

子どもにとって離婚後も両親に愛されて育っていくということは理想的です。離婚によって、いくつもの変化を受け入れなければならない子にとって、両親の愛情だけは変わることなく続いてゆくという事実が勇気になります。

子どものいる離婚の場合には、離婚届けを出したら縁切りではなく、夫婦関係は終わりますが、子の親としての新しい関係が始まります。

できるだけ夫婦間のわだかまりを離婚とともに捨てて、親としての新しい関係を築く努力をすることが、これからの離婚には必要になってきます。

嫌いな相手といい関係を継続していくのは難しいけれど、職場環境に置き換えて考えてみると、嫌いな相手と仕事をしなければならないことは、めずらしくはありません。そんなときには、どう自分の気持ちをコントロールすべきなのか、共同作業を成功させるためにいい人間関係を工夫して築いていけばいいだけのことです。

第6章

子連れ離婚で後悔しない新生活の迎え方

ついに離婚が成立！　子どもとの新生活がスタートします。自分で選んだ「離婚」という人生の選択肢。後悔しないで前向きに生きるために、プラス思考を身につけましょう！

悩み相談FAQ①

Q 離婚ブルーをどう乗り切る？

＊　＊　＊

A 離婚が成立して2～3か月たった頃に、急にすべてを失ってしまった空虚な気持ちに支配されることがあります。これを離婚ブルーと呼びます。

離婚は非常に労力が必要です。無我夢中で頑張って、離婚後にも様々な手続きがあり、一息ついている暇もありません。本当にすべてが終わって、やっと一息つける頃に強弱の違いはありますが鬱状態が訪れます。私も経験しました。

どうにもならなくて相談に来られる方もいますが、みんなが経験していることで一時が過ぎれば何もなかったように元気になれます。誰もが通る道だと考えて楽に構えて通り過ぎてください（もちろんカウンセリングを利用するのもいいと思います）。

私は離婚ブルーの時期には同じ経験をしたシングルマザーとインターネットで出会って、「私も経験したよ」と言うのを聞くだけでホッとして救われた思いでした。

大丈夫！　離婚ブルーは誰もが経験することです。一時のことですから仲間と情報交換などしながら愚痴を吐き出して上手に乗り越えてくださいね。

悩み相談FAQ②

Q 離婚をまわりにどう伝えたらいいでしょうか？

＊　＊　＊

A 会社の仲間に離婚したことを伝えるのが苦痛と悩んでいた相談者がいました。お話を伺うと会社に苦手な同僚がいて、その人にどのように言われるんだろうと考えると落ち込んでしまうそうです。確かに「好奇な目で見られないだろうか？」と心配しがちですが、今どき離婚は珍しくもないし、よっぽどの暇人じゃない限りは「あ、そうなんだ」で済むことです。本人が気にしているほど他人は気にしていませんよ。

それでも口頭で伝えるのはちょっと、というときには、引越しの案内状に便乗して「P.S. 離婚しました」と書き添えてもいいでしょう。私は暮れの年賀状に「離婚して旧姓に戻りました」と書き添えました。

無理して早く伝えないと、などと焦らなくても、苗字が変われば自然とまわりは気がつくし、聞かれれば答えればいいのではないでしょうか？「どうして離婚したの？」と聞かれたら「性格の不一致です」とサラリとかわせばいいのでは？

悩んでいた彼女ですが、離婚後にお会いしたときには「新川さんが言うように、まわりはあまり他人事には興味ないんだなと思いました」と言っていました。

悩み相談FAQ③

Q 希望の仕事が見つからない

＊　＊　＊

A ひとり親、とくにシングルマザーの就労の悩みは、希望の仕事が見つからないことです。そこで「希望は何ですか？」と聞くと「家と職場が近くて、給料がよくて、残業がなく、正社員で、週休二日で理解のある職場です」とたくさんの希望が出てきます。もちろん全部揃っているに越したことはありませんが、新卒者でも希望どおりの仕事に就くのは難しいものです。すべての条件を満たそうとしたら、希望の仕事は見つかりません。

まず希望は1つに絞って職探しをしましょう。たくさんある希望のうち一番叶えたいのはどれですか？　子どもが小さなうちは無理して正社員にこだわらなくてもいいのでは？　パートで出会った人脈や自由になる時間を生かしつつ、次には残りの希望条件をクリアできるように転職、徐々にスキルアップをはかっていければいいと思います。

私も離婚当初は「子どもを預けられる職場」ということでゴルフ場でキャディを2年間経験しました。次に「都心で働きたい」という希望を満たすために広告代理店に転職。そして「やりがいある仕事」を選んでパッケージングコーディネーターを経験したのちに、それまでに学んだスキルを生かして独立するまでに至っています。

悩み相談FAQ④

Q もう一度恋をすることはありますか？

＊　＊　＊

A 離婚したばかりの頃には「もう二度と恋なんかしない。子どものために生きていく！」なんて思いがちですが、ふっ切れて前向きに生きているひとり親はみんな魅力的。もてないわけがありません。

離婚後の恋愛についての相談もたくさん寄せられます。恋愛相談に多いのは、デートの時間の作り方や子どもとパートナーの関係についてです。

独身時代と違って子どもと一緒に過ごす時間がどうしても優先になるので、パートナーと話し合って理解してもらい、保育園に預けている時間に予定を合わせて会うとか、ベビーシッターを利用するなど工夫をすればやりくりできるでしょう。

子どもに恋愛相手をいきなり会わせたり、パパやママと呼ばせるのは反対です。子どもはやっと新しい生活に慣れてきた頃に、知らない大人が入ってくることに違和感を覚えます。相手の性格をしっかりと見極めて、長くつきあっていけそうと思った頃に「仲良しのお友達」として紹介して、仲良くなってから大切な人だということを伝えればいいのではないでしょうか？　子どもの気持ちを尊重して、焦らないでゆっくりと。

悩み相談FAQ⑤

Q 養育費と面会交流は必要でしょうか？

A

「必要でしょうか？」と聞かれれば必要です。養育費も面会交流も、離れている親の愛を子どもが感じることのできる大切な権利です。でも、活動を通して感じるのはご家庭により様々な事情があり、ひと言で「必要なので守ってあげてください」と言い切ってしまっていいものではないということです。

子どもに愛情のない、親として未成熟な大人もいるのが現実です。家庭内暴力で子どもにまで悪影響を与えたり、親の気持ちが安定していなければ、子どもの心身にとっていいはずはありません。

離婚すると夫婦は他人になりますが、子どもがいる限りは親としての新しい関係を築いていかなくてはなりません。離婚当初は誰もが気持ちに余裕がなく、どうにかしなくてはいけないと思いながら、どうにもできずにいる状態です。焦らなくても時間が解決します。子どものために考えていくことが大切です。

離婚時に冷静に話し合えるのが理想ではありますが、養育費も面会交流も子どもが成人するまで交渉可能です。冷静に判断し、時を見てもいいのではないでしょうか？

＊　＊　＊

悩み相談FAQ⑥

Q 再婚したら子どもの養育費や面会交流はどうなるの？

＊＊＊

A 離婚後に再婚してステップファミリーになるご家族も少なくはありません。別れた夫と子どもの親子関係の問題は、ステップファミリーにとっても大切なことです。

「新しい家庭に馴染めないと困るから」と、それまでの親子交流を一方的にストップしてしまう親もいます。NPO法人M―STEPには「相手が再婚して子どもと会わせてくれなくなった」という離別親からの相談も多数寄せられています。新しい家庭に馴染むために実の親に会わないのは子どもの意思でしょうか？　おそらくそうではないと思います。再婚前にしっかりと話し合って、子どもの希望を尊重できる方法を考えてみてください。

養育費に関しては法律的には養子縁組をしたら扶養義務は新しいお父さんに移ります。養子縁組しないという選択もありますが、される場合には養育費の支払いについては今後どうしていきたいかを子どもの実の父親と話し合ってみてください。親としての自覚と気持ちの問題だと思います。戸籍がどうなろうとも、わが子であるという事実は変わりません。子どもが成人するまで責任を果たしていくことが親の責任だと私は思います。

6-1 自分でできるカウンセリング

＊カウンセリングで自分を元気にしよう！

カウンセリングというと性格分析したり、過去にさかのぼって原因を探ったりと理論的でとても難しいことのような気がしますが、私の言うカウンセリングは単純です。ポイントさえ理解すれば自分で自分を元気にできる手法なので、ここでお伝えしたいと思います。

離婚前後で悩んだときは、早めに自分で自分を元気にするためのマイ・カウンセリングに取り組んでみてくださいね。

＊悩んだときのスイッチの切替え方

私のカウンセリングでは、まず悲しい気持ち、困った出来事、うまくいかない人間関係などは自分が選んでいるんだよ、ということに気がついてもらうことからスタートします。落ち込んだり、苦しくなったり、悲しくなったりするのは、あなた自身がその気持ちを選んでいます。なので選ばないようにできれば楽に生きられます。

こうして書かれたことを読んでいると簡単なことのような気がしますが、人は悩んでいるときには必ず人のせいにしたり、起きてしまった出来事のせいにしています。マイナスの気分を選んでいる自分に原因があるということには、なかなか気がつくことができません。

人の行動は4つの構成要素から成り立っています。「思考」「行為」「感情」「生理反応」です。この4つの構成要素は連鎖していて、どうせ私なんて駄目だ（思考）、ああ、辛い、悲しいな（感情）、何もしたくないからぐずぐず悩んで泣いているだけ（行為）、胃が痛くなったり体調が思わしくない（生理反応）、というようなことになります。1つがマイナスに動き出すと全体がマイナスになって悪循環です。

ということは悪循環を回避するために意識的にどこかをプラスに変化させてあげると、いい方向に動き出します。自分で意識して切り替えができるのはどれでしょうか？意識して自分で切り替えられるのは「行為」と「思考」です。そしてどちらかといったら「行為」のほうが楽に切り替えられます。

例えば嫌なメールが届いたとします。多くの人はマイナス思考で返事をして、さらに相手との関係が悪化するでしょう。私だったらここで意識して行為を切り替えます。愛犬をつれて散歩に出かけます。すると空が青くて、季節の植物を発見、気持ちがいつの間にかプラスに切り替わっていて、イライラしていた数分前が嘘のように嫌なメールにこだわらなくなれます。

あなたは何をしているときが気分がいいですか？　人によっていろいろだと思いますが、日常生活の中で簡単に取り入れられる気分転換方法を、できるだけたくさんもちましょう。

そしてマイナス気分を自分が選びそうになったら、行為（行動）を切り替えてみましょう。

＊セルフトークをプラスに！

「あなたがよく心の中でつぶやくセリフは何ですか？」

相談者の方にこう尋ねると「どうしたらいいんだろう」「困ったな」、もしくは「あーあ」というつぶやきだったりします。悩みがちな人は後ろ向きなセルフトークを常にもっています。無意識にですが、心の中でつぶやく言葉がマイナス思考から出るセリフになってしまっています。

朝起きたときに「ああ、今日も仕事だ、やだなぁ」というセルフトークで一日が始まる人と「よし！　今日も一日頑張るぞ」という人とでは、間違いなくその日の出来事が変わってきます。マイナスで始まると一日中気分が乗らなかったり、悪いことばかりが起こるでしょう。

自分自身をプラス思考人間へと切り替えるためには、このセルフトークが非常に重要です。自分が日常で多く心につぶやくセルフトークを再確認してみましょう。マイナスのトークが多いと気づいたら意識してプラスのトークに変えてみましょう。

私のセルフトークは「どうにもならないことなんかないから、どうにかしてみよう」です。朝はもちろん「今日も一日元気に頑張るぞ！」で始まります。

＊長所を感じる力を育てよう

「あなたは自分のことを何パーセントくらい好きですか?」という質問を、私は相談者によくします。悩みがちな人は自己評価が低いのが特徴で、大概50パーセント以下、普通の人で80パーセント以内、プラス思考の強い人は100パーセントと答えます。

自分の悪いところばかり見て自分に否定的だと、自分の行動、考え方に自信がもてずマイナス傾向の人生を選択しがちです。自分を好きになるということはとっても大切なことで、自分を好きになることによって自分の言動に責任と自信をもつことができます。そうすると自分が選んだことだからこれで間違いない、自分はベストを尽くしたんだからこれでいいんだと思え、悪いことも含めて柔軟に受け入れられるようになります。

ちなみに私は120パーセントと答えます。もちろん短所もたくさんありますが、短所も含めて自分のことが好きなので、何か失敗をしても「私にとってはベストな選択だったからこれでいいんだ」と失敗もプラス思考で受け止めることができます。

「あなたの長所は何ですか?」と質問をすると「悪いところばかりでいいところなんかありません」という答えが返ってくることがあります。長所と短所は紙一重、例えば「短気」という短所は「決断力がある」や「すぐに行動できる」と言い換えれば長所になります。すぐに自分の長所を思いつかない人は、まずは短所を書き出してみて、それを長所としてとらえるとどうなのか、というように考えてみるといいかと思います。

自分の長所を感じられるようになったら、次はまわりの人の長所を感じる力を養ってみましょう。人の長所を感じる力がついてくると良好な人間関係を築きやすくなります。苦手な人に対してはとくに短所ばかりを見ていることが多いので、意識して長所を見ることによって苦手な関係も克服できます。

長所を感じたらそれを素直に伝える力を養うことも大切です。人は自分を褒めてくれる相手を嫌いにはなりません。心にもない褒め言葉で褒めるとわざとらしいと思われてしまいますが、心から感じた長所を素直に伝えられれば良好な人間関係を築くことができるでしょう。

＊思考習慣を作る方法

こうしてカウンセリングのポイントを聞くと「何だ、当たり前のことじゃないか」と思うでしょう。でも聞いたことを当たり前に実行するのが実はとても難しいことなのです。もともと悩みやすい人はマイナス思考で思考習慣ができあがっているので、プラス思考に変えていくには継続的に意識してトレーニングしていかなくてはなりません。

話を聞いてできると思っていても、意識して続けていかないと3日坊主になります。「継続こそ力なり」と言いますが、続けること100日でプラスの思考習慣は作られます

そのために私のカウンセリングでは、カウンセリングノートを毎日書くことをお奨めし

ています。「あなたの長所」「身近な人の長所」「今日のよかったこと」「夢やなりたい自分のイメージ」を無理なく書けるだけ、日記帳のようなものに書いてもらいます。それを相談者から受け取って毎週コメントを書いて返事をするのがカウンセラーである私の役割で、誰かに見守られながら頑張れるというのは励みにもなります。友人と交換日記のように続けていくのもいいし、一人でも頑張れる人はとにかく100日間続けてみてください。

最初は毎日続けることが苦痛です。20日たった頃に当たり前のようにノートを書けるようになってきますが、まだ思考習慣はできあがっていません。100日たつとノートを書かなくても自分に起こった変化に気がつくようになります。自己評価が高くなり、人の長所を見て伝えられるようになり、夢や願望が実現できるようになります。騙されたと思って頑張って続けてみてください。

ちなみに自分を120パーセント好きな私のプラス思考は、このカウンセリングノートの継続によって作られた思考習慣です。

＊今、自分のいるステージを意識する

精神ステージって意識したことがありますか？　今自分の心のパワーの高さがどこにあるのか、意識することで見えてくることがあります。悩んでいる渦中にあるときは無我夢中でなかなか意識できませんが、深呼吸してみて今自分のまわりにどんな人がいるのか注

意してみてください。

悩んでいるときには不思議とマイナス思考の強い人がまわりにもウジャウジャいませんか？　立ち直るにつれて人付き合いが変わってくるのは、この精神ステージが変わってくるからです。

「類は友を呼ぶ」ということわざがあるとおり、マイナス思考の強い人のまわりには同じようにマイナス思考の強い人たちが集まります。そして足をひっぱり合って悪循環になるのです。

そこに気がついて自分の精神ステージを意識できると、早く悩みから抜け出す方法が見つけられます。悩み始めてまわりを見渡して、「まずいな」と感じることがあったら、意識的に自分よりも精神ステージの高い人の近くに行きパワーを吸収するようにしましょう。

いつも自分よりパワフルな人の近くにいようと意識していれば、きっと自然に精神ステージが上がっていって、プラスパワーをたくさん吸収して元気になれると思います。自分のステージが上がってくると、不思議なことに意識していなくてもプラス思考の強い人が自然に自分のまわりに集まってくるようになります。

そういえば私も離婚前にうじうじ悩んでいた頃には、同じような悩みを抱えて前に進めない友達がまわりにたくさんいたな、と今さらながら振り返って思い出されます。

先輩ひとり親に聞け！

悩んだときの気晴らし方法

- 「あなたが悪いんじゃないよ」と誰かに言ってもらえると気が晴れるので、誰かに言ってもらうようにします。（まりもさん・東京都）
- インターネットで思う存分ウインドーショッピングする。（里奈さん・北海道）
- 子どもの寝顔を見る。（さちこさん・大阪府）
- セミナーやイベントに参加して離婚経験者の声などを聞いてみる。（カッツさん・東京都）
- 泣きたくなったときに読み返す詩があります。（凛さん・福岡県）
- 眠れないときにお風呂にマッサージオイルを入れたり、よい香りのボディソープを使ってみたりします。（匿名・東京都）
- レディースデイの日に安く映画を見る。（智依さん・埼玉県）
- 元気が出る歌を子どもと一緒にお風呂で大声で歌う。（こずえさん・東京都）
- 気の許せる友人とたくさんおしゃべりする。（にこさん・新潟県）
- 座禅や茶道はお寺で安くできるのでお奨めです。（かなんさん・東京都）
- 家の中にいると気持ちも沈みがちなので外に出て深呼吸。外に出たくなければせめて窓を開けて空気を入れ替えるといいかも。（カッパさん・奈良県）
- 悩んでいることをノートに記載。考えがクリアになる気がする。（あいさん・埼玉県）

●悩んでいる暇があったら仕事で稼ぐのが一番の気晴らし方法です。収入こそ不安を吹き飛ばす、唯一の方法です。（匿名・神奈川県）

●映画に行くなど思い切って自分にごほうびをあげる。（京太さん・東京都）

●離婚前の苦しい時期に日記をつけて、離婚後に落ち込みそうになったら読んでみると頑張ってきた自分を認められて元気になる。（なまこさん・青森県）

●ひとりでじっくりと取り組める趣味をもつといいと思います。私は離婚後にパッチワークを始めました。（Qooさん・北海道）

●我慢ばかりしていると溜まるので悲しいドラマや映画を見て思いっきり泣く。そしてお笑いを見て笑う。感情を抑えがちな毎日から解放される。（みいさん・大阪府）

●カラオケも行くし、やっぱり外に出てますね。図書館に行って本を借りてたくさん読むこともします。（ちーたまさん・富山県）

●普段は贅沢だと思っているネイルやエステに行きます。気分転換したいときには思い切って行きます。気分があがります。（ゆみさん・千葉県）

その他、具体的に本の名前も挙がりました。お気に入りの1冊があるといいですね。

みなさん上手に気分転換していますね！　安く、すぐに、簡単にできる楽しみをたくさん見つけておくといいですよ！

悩みそうになったら思い出してやってみてください。私はいやなことがあった日には「早く寝る！」を実行しています。たくさん寝ると気分もいいです。

6-2 離婚後の子どもの質問にどう答える？

＊「何でウチにはパパ（ママ）がいないの？　どうして離婚したの？」

これは離婚後に子どもに聞かれて戸惑う質問ではないでしょうか？

子どもに離婚や父親または母親の不在を伝えるときには、伝え方や話の内容が大切なのではなく、伝えるときの気持ちが何よりも大切です。言葉は、近い人には感情が8割・意味は2割で伝わります。遠い関係ではその逆です。

夫婦喧嘩をイメージしてください。相手が言っている内容よりも感情のほうが先に伝わってくるのがわかりますか？

親子は夫婦同様に近い関係なので、言葉の意味よりもそのときの感情がストレートに伝わります。質問に躊躇して離婚は悪いことだと後ろめたい気持ちで伝えると、子どもは一方の親がいないことがいけないことで、離婚が悪いことというマイナスのイメージで間違いなく受け止めるでしょう。

離婚はお子さんと自分が幸せになるためのベストな選択だったはず。気持ちを前向きにして事実をちゃんと伝えることが大切です。感情をプラスにして伝えることができないのであれば、まだ伝える時期ではないでしょう。「いつか話をするから、もう少しだけ時間をちょうだいね」と言って待ってもらってもいいのではないでしょうか？

わが家は娘が4歳のときに保育園から帰宅して「ママ、どうしてウチにはパパがいないの？」と無邪気に聞いてきたので「離婚したんだよ。パパとママと仲良くできなかったから別々に暮らすことにしたの」と明るい感情で事実を伝えました。娘は素直に受け止めて「みきちゃんちと同じだね。みきちゃんのお母さんも離婚したんだって」と言っていました。傷つけないようにと言葉の内容を考慮するのではなく、伝えるときの気持ちに気をつけながら伝えることがポイントです。

同様に「パパ（ママ）がいないとかわいそうな子にならないでしょうか？」とよく相談されますが、かわいそうな子にしてしまうのはまわりの大人の考え方次第です。親が前向きでも、おじいちゃんおばあちゃんが後ろ向きで、「パパ（ママ）がいなくてかわいそう」と思いながら子どもに関わっていると、子どもは自分はかわいそうな子なんだと思いながら育ってしまいます。

＊「どうしてパパ（ママ）に会えないの？」

養育費や面会交流の交渉がうまくいかないときに、「どうしてパパ（ママ）に会えないの？」と聞かれて辛い思いをすることもあるかもしれませんが、やはり気持ちを前向きにして、永遠に会えないわけではないよと伝えてあげると子どもは安心します。

私も息子に「いつか会えると思うよ。会えるようにママも努力してるからね」と伝え、写真などは見せています。子どもは大きくなれば自分の力で親に会いに行くこともできます。その頃にはどんな親であれ、子ども自身が判断して関係を築いていくことができるようになっていると思います。焦らずに、いつかは会えるよと伝えてあげてください。

＊子どもを愛せない、可愛いと思えない

離婚後に気持ちが不安定になるお母さんが多く、「子どもを愛せない」「可愛いと思えない」という相談も多く寄せられます。離婚は多大な労力を使うのでマイナス気分が強くなり、自分のことだけでいっぱいになってしまう気持ち、よくわかります。そうやって悩む人に限って、実は非常に子どものことを真面目に考えていて、考えているからこそ悩んでいます。本当はとても責任感の強いお母さんです。

悩んだときにどう抜け出すのか？　大切なのはやはりプラスの感情です。自分の力で前向きになるのが難しかったらカウンセリングを受けたり、信頼のおける人に相談したりして手助けしてもらうのがいいでしょう。

＊「パパ（ママ）はどんな人？」と聞かれたとき

嫌いになって別れた相手です。「パパ（ママ）ってどんな人？」と子どもに聞かれて、とっさに浮かぶのは相手の悪口ばかりだと思います。でも子どもにとっては唯一の親です。悪

口を伝えられたことで、自分の存在をも否定されたような気持ちになってしまいます。両親に愛されて生まれてきたという事実と、できればパパのよいところを思い出して伝えてあげてほしいと思います。

お互いに愛し合って結婚して子どもが生まれました。幸せな恋愛時代に相手のどんなところがいいところだと感じていたのでしょうか？　すでに忘れてしまっているかもしれませんが、1つでも思い出して伝えてあげてください。いいところを伝えるのが無理でも「背が高くてめがねをかけている人だよ」などと事実を教えてあげればいいと思います。悪口を伝えても子どもにとって何もいいことはありません。

私は言葉で伝えるのが難しかったので「写真があるから見る？」と聞いて写真を見せました。娘が4歳の頃のことでしたが「ふーん、こういう顔してるんだね。背が高いんだね！」と興味深く写真を見ていました。変に隠して思いが募るよりも、知りたいことを事実として伝えてあげたほうがいいと思います。

＊　　＊

離婚はしないに越したことはありませんが、したほうが幸せになれると確信したときには、どうか正々堂々と人生の選択をしてください。あなたは、一人ぼっちではありません。可愛いお子さんとの幸せのために、胸を張って前に進みましょう！　心から応援しています。

巻末資料

〈男女共同参画〉

男女共同参画センター、配偶者暴力相談支援センター、法テラス、家庭裁判所、福祉事務所は、全国各地にあります。最寄りの場所を知りたいときは、インターネットで検索しましょう。

例）「法テラス」＋「滋賀県」で検索→「法テラス滋賀」のHPを見る

※一つの都道府県内に、拠点が複数ある場合もあります。
足を運ぶ際は、あらかじめ電話をして、もっと近くに他の施設がないかどうか確認しておくと良いでしょう。

男女共同参画センターの活用法

　都道府県、市町村等が設置している施設です。男女が互いに人権を尊重し、共に平等に社会参画し、生き生きと安心して暮らしていけるための学習、活動、交流の場として利用できます。
「配偶者暴力相談支援センター」に指定されている施設や配偶者からの暴力専門の相談窓口を設置している施設もあります。

　女性問題に関する書籍の貸し出しがあったり、地域のNPO法人など活動団体によるセミナーやワークショップが開催されたりしています。就労支援やキャリアカウンセリング、女性相談に対応しているセンターもありますので、家庭問題・離婚問題に悩んだら対面や電話の無料相談を上手に利用してください。

　相談は予約制のところが多いので事前に必ず予約をしてください。また施設によってサービスの利用方法が異なりますので、詳細はそれぞれのセンターにご確認ください。

配偶者暴力相談支援センターの活用法

　都道府県が設置する婦人相談所その他の適切な施設において、配偶者暴力相談支援センターの機能を果たしています。また、市町村も自らが設置する適切な施設において、配偶者暴力相談支援センターの機能を果たすよう努めています。配偶者暴力相談支援センターでは、配偶者からの暴力の防止および被害者の保護を図るため、以下の業務を行なっています。

・相談や相談機関の紹介
・カウンセリング
・被害者および同伴者の緊急時における安全の確保および一時保護（※）
・自立して生活することを促進するための情報提供その他の援助
・被害者を居住させ保護する施設の利用についての情報提供その他の援助
・保護命令制度の利用についての情報提供その他の援助

※一時保護は、婦人相談所が自ら行なうか、婦人相談所から一定の基準を満たす者に委託して行ないます。

　都道府県によっては婦人相談所のほかに男女共同参画センター、福祉事務所などを配偶者暴力相談支援センターに指定しているところもあります。事前に電話で連絡した上で、相談等に行くことをお奨めします。

法テラスの活用法

「離婚」「借金」など、様々な法的トラブルを抱えてしまったとき、「誰に相談すればいいの？」、「どんな解決方法があるの？」と、わからないことが多いはず。こうした問題解決への「道案内」をしてくれるのが法テラスです。

問い合わせの内容に合わせて、解決に役立つ法制度や地方公共団体、弁護士会、司法書士会、消費者団体などの関係機関の相談窓口を法テラス・サポートダイヤルや全国の法テラス地方事務所にて、無料で案内しています（情報提供業務）。

また、経済的に余裕のない方が法的トラブルにあったときに、無料法律相談や必要に応じて弁護士・司法書士費用などの立替えを行なっています（民事法律扶助業務）。

離婚に直面したときには様々な法律的な疑問がもち上がることが多いはず。財産分与や慰謝料、養育費問題など、また家庭内暴力（DV）を伴う離婚では代理人として弁護士が必要なことも多く、しかしながら弁護士費用の負担ができないなどの問題もあります。そんなときには法テラスで相談をしてみましょう。

「法テラス」の
QRコード

家庭裁判所の活用法

家庭裁判所は、家庭に関する事件の審判(家事審判)および調停(家事調停)、少年の保護事件の審判(少年審判)などを行ないます。略称は家裁(かさい)です。

日本の離婚は多くが協議離婚なので、家庭裁判所を利用する人はまだ少ないのが現状ですが、当事者間でなかなか進まない離婚の話し合いには第三者(調停委員)の介入により話し合いを進める調停がお奨めです。

また、慰謝料、養育費、財産分与など金銭のやり取りが絡む離婚は、支払いが滞ったときの強制執行手続きには執行文つきの債務名義が必要となりますので、その意味でも公正証書を作成するより費用的には安くすむ調停(調停調書)がいいでしょう。

家庭裁判所では、利用しやすくするために、相談に訪れた人の抱えている問題が家庭裁判所の審判・調停手続で扱うのに適しているか、適している場合にはどのような申立てをすればよいかなどについて、無料で相談・助言を行なっています。他の役所や施設を利用したほうがよい場合には、適宜その案内もしています。家庭や親族に関する問題でお困りの方は、遠慮なく家事相談窓口を利用されることをお奨めします。

「裁判所」の
QRコード

福祉事務所の活用法

福祉事務所とは、社会福祉法第14条に規定されている「福祉に関する事務所」をいい、福祉六法（生活保護法、児童福祉法、母子及び父子並びに寡婦福祉法、老人福祉法、身体障害者福祉法及び知的障害者福祉法）に定める援護、育成または更生の措置に関する事務を司る第一線の社会福祉行政機関です。都道府県および市（特別区を含む）は設置が義務付けられています。

社会福祉の総合窓口で、相談には主に社会福祉士、家事相談員、婦人相談員など専門性をもった職員が対応し、適切な助言を行なってくれます。

家庭内暴力（DV）からの脱出、緊急避難先の手配、生活費に困って暮らせないなど緊急を要する相談はためらわずに窓口を訪れてください。母子生活支援施設などへの入所も福祉事務所が窓口となります。

ただし生活保護費支給日の月初め（1日～5日）は窓口が大変混雑しますので極力避けたほうがいいところです。

児童家庭課の活用法

市区町村役場の中にある児童家庭課(名称は自治体によって異なります)は、子育てに関する相談や支援、子育て支援事業の実施、保育園の管理運営、ひとり親家庭支援、各種手当の支給、助成などを行なう子育て支援窓口です。

ひとり親家庭向けの情報を発信しており、離婚を決意したときに最初に相談に訪れる人が多いのもこの窓口です。本書に掲載されている児童扶養手当の申請や各種ひとり親家庭向けの支援情報に関しても、この窓口で相談することができます。

この窓口を訪れる人は多く、混雑している時間帯は丁寧に対応してもらえないこともあるので、しっかりと情報を手に入れるためには事前に「母子自立支援員の相談を受けたい」と伝え、面談の予約をして訪れるのがお奨めです。

母子自立支援員は、ひとり親家庭の支援のために市役所等に配置されている専門相談員です。離婚前でも、今後の生活を見据えてリサーチしておきたい人の相談にも対応してくれます。早めに訪れて情報を手に入れて、手続きに必要な書類などを準備しておくといいと思います。

●「子連れ離婚」に役に立つウェブサイト●

ＮＰＯ法人Ｍ－ＳＴＥＰ　http://m-step.org/

私が理事長をつとめるエムステップは、ひとり親の恋愛と再婚を支援する特定非営利活動法人。子連れ再婚という次なるステップを考えたらお役に立つ団体です。

ウイメンズパーク　http://women.benesse.ne.jp/

ベネッセが運営する日本最大級の女性口コミサイト。100以上ある掲示板には「ひとり親の部屋」もあり、子育て情報から離婚についての相談やアドバイスなども得られます。

ＯＬシングルママのわがまま節約ライフ　http://olmayu.fc2web.com/

忙しい人にもできる、簡単で効果のある節約法を紹介しています。ひとり親による節約術は見習うところがたくさんです。参考にして節約生活しましょう。

ＯＦＦＩＣＥ　ＭＯＲＯＨＯＳＨＩ　https://www.office-morohoshi.jp/

ＮＰＯ法人Ｍ－ＳＴＥＰとの協同事業でひとり親家庭の就労支援に取り組んでいます。就労支援セミナーを開催していますので仕事に悩んだらご相談ください。

厚生労働省ひとり親家庭関係情報　http://www.mhlw.go.jp/stf/seisakunitsuite/bunya/kodomo/kodomo_kosodate/boshi-katei/index.html

ひとり親向けの旬な施策情報が常に更新されています。離婚前にひとり親にどんな国のサポートがあるのかを確かめるのに間違いのないサイトです。

養育費相談支援センター　http://www.youikuhi-soudan.jp/

国の委託事業で行なわれている養育費と面会交流の相談事業。電話やメールによる相談を無料で行なっているので、お子さんの養育費と面会交流に悩んだら相談を！

●ＳＮＳでコミュニケーションしよう！●

ソーシャルネットワークサービスの中にも沢山のお役立ちコミュニティがあります。

母子家庭共和国SNS　https://www.facebook.com/groups/122601227919785/

ＮＰＯ法人Ｍ－ＳＴＥＰがフェイスブック内で運営しているシングルマザーのためのコミュニティグループ。参加承認制ですがシングルマザーであれば誰でも参加できます。

mixi「明るく可愛いシングルママの会」　http://mixi.jp/view_community.pl?id=183363

会員数３千人以上のひとり親が登録するコミュニティ。mixiに参加したらコミュニティに登録、先輩ひとり親に子連れ離婚について相談してみよう。

●新川てるえの情報サイト●

ツイッター	https://twitter.com/#!/terueshinkawa
フェイスブック	https://www.facebook.com/wink.terueshinkawa
アメブロ	「子連れ再婚を考えたときに読むブログ」 http://ameblo.jp/terueshinkawa/
サイト	「新川てるえカウンセリング OFFICE」 http://m-step.org/counseling/index.html

●養育費の算定表・子1人（0～14歳）のケース●

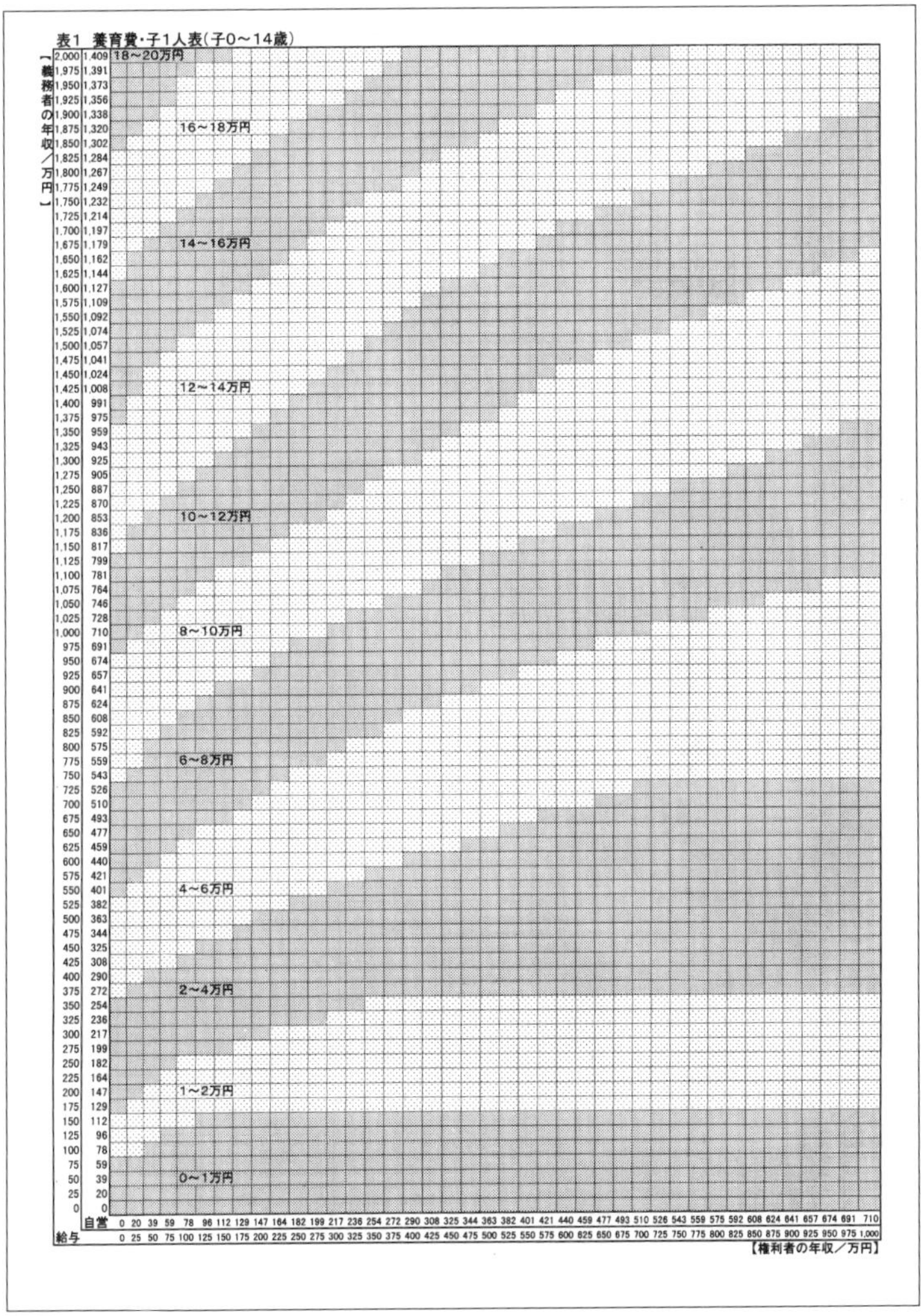

●養育費の算定表・子1人（15～19歳）のケース●

表2 養育費・子1人表(子15～19歳)

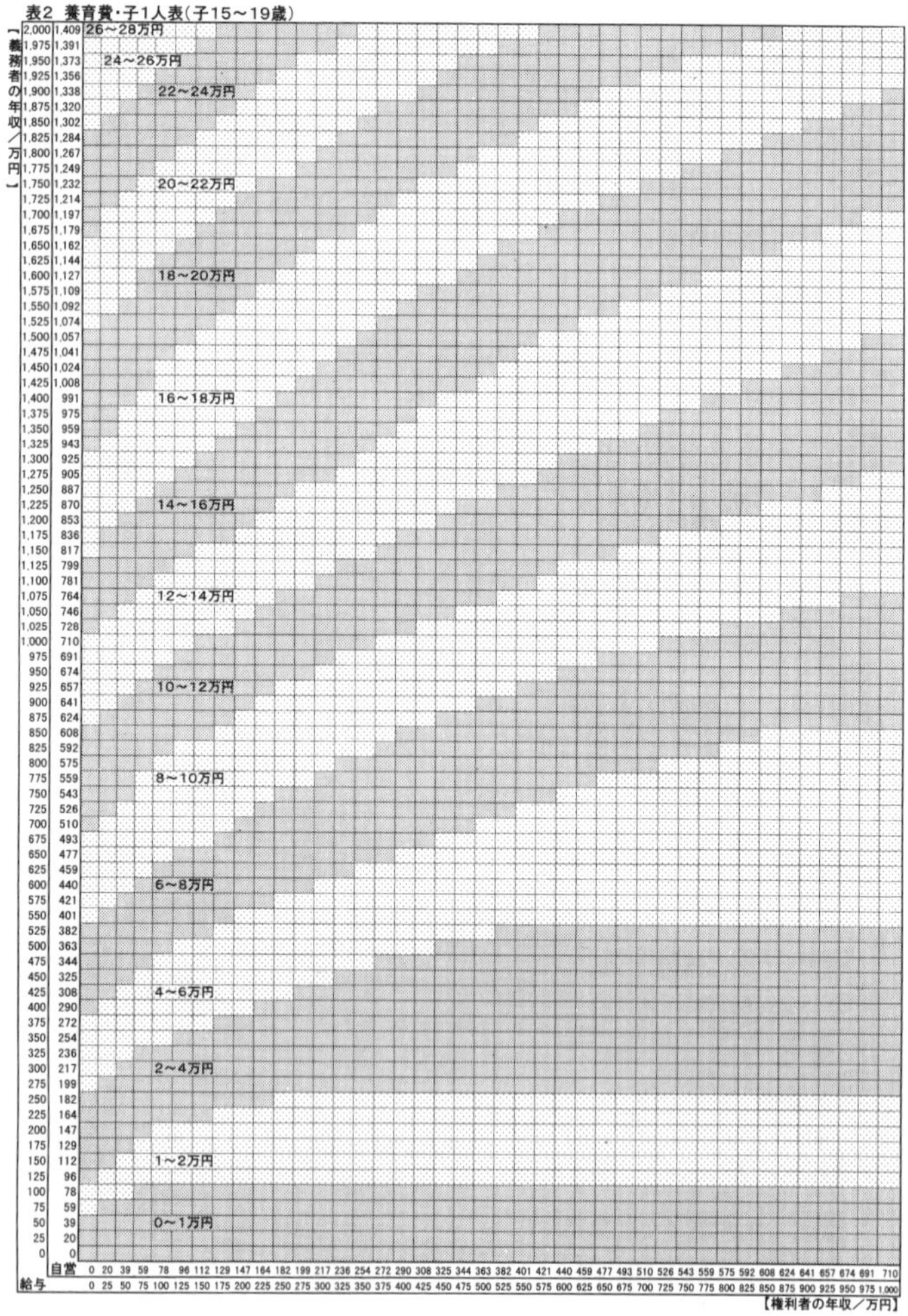

●養育費の算定表・子2人（第1子及び第2子0〜14歳）のケース●

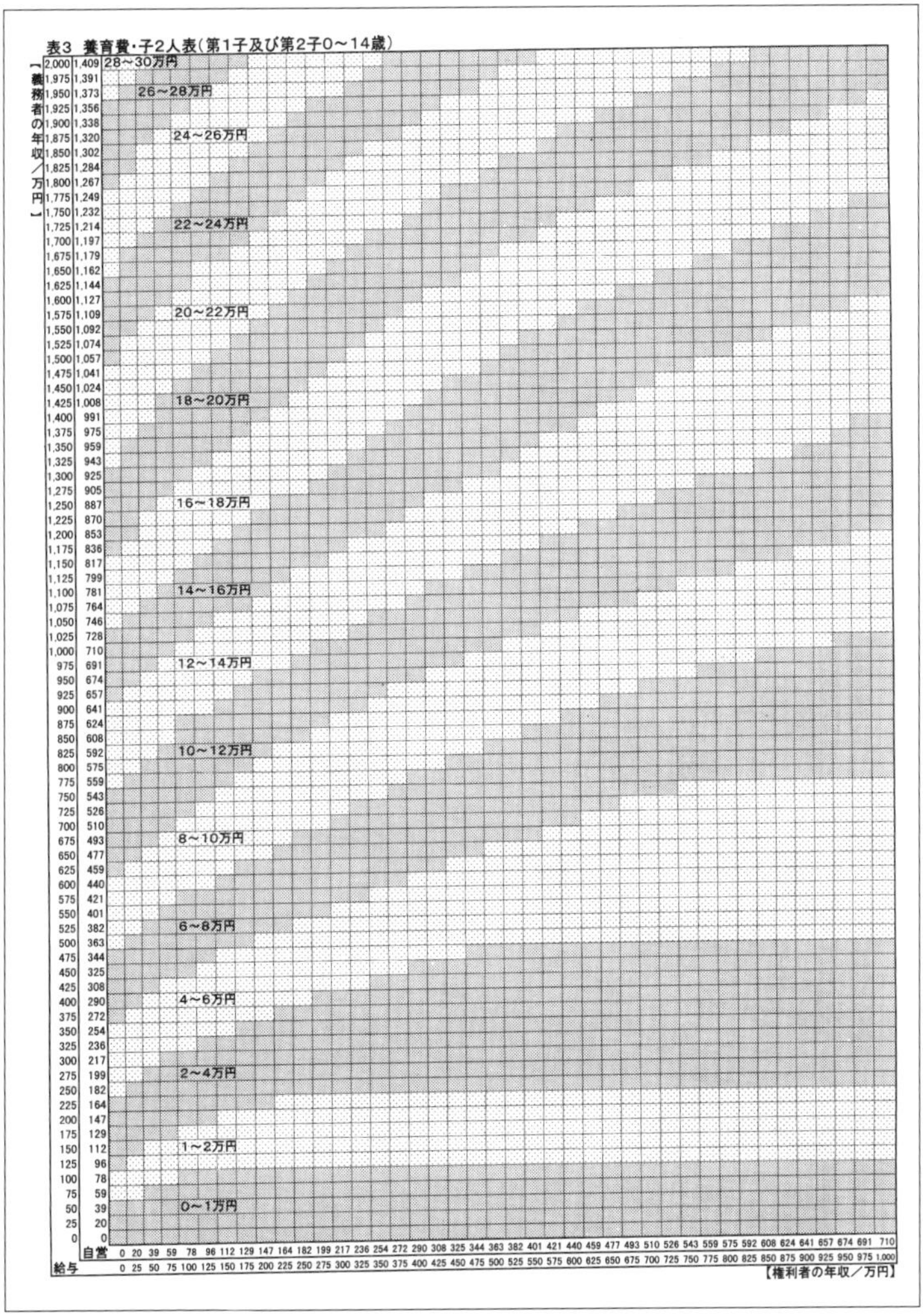

●養育費の算定表・子2人（第1子15～19歳、第2子0～14歳）のケース●

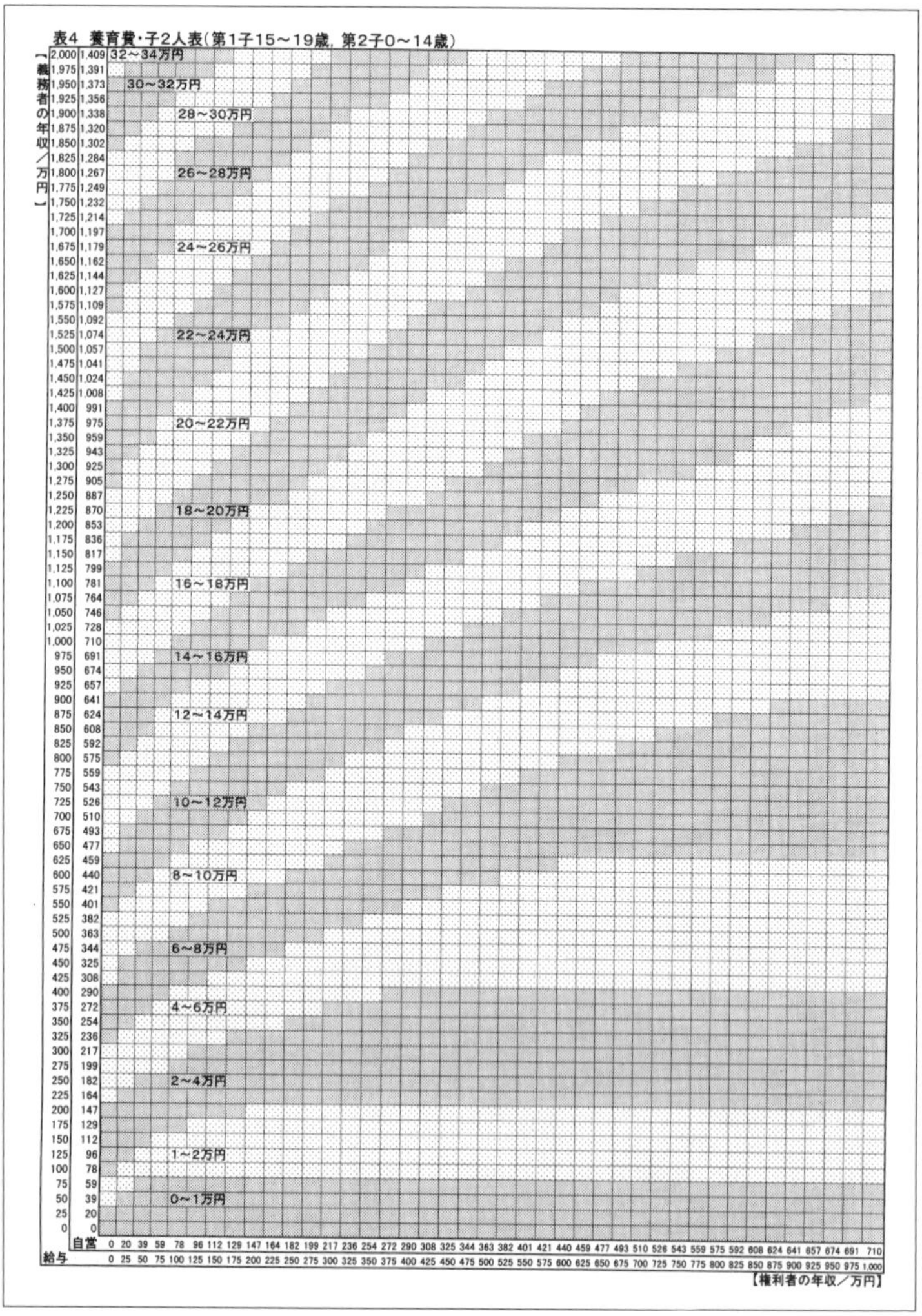

●養育費の算定表・子2人（第1子及び第2子15～19歳）のケース●

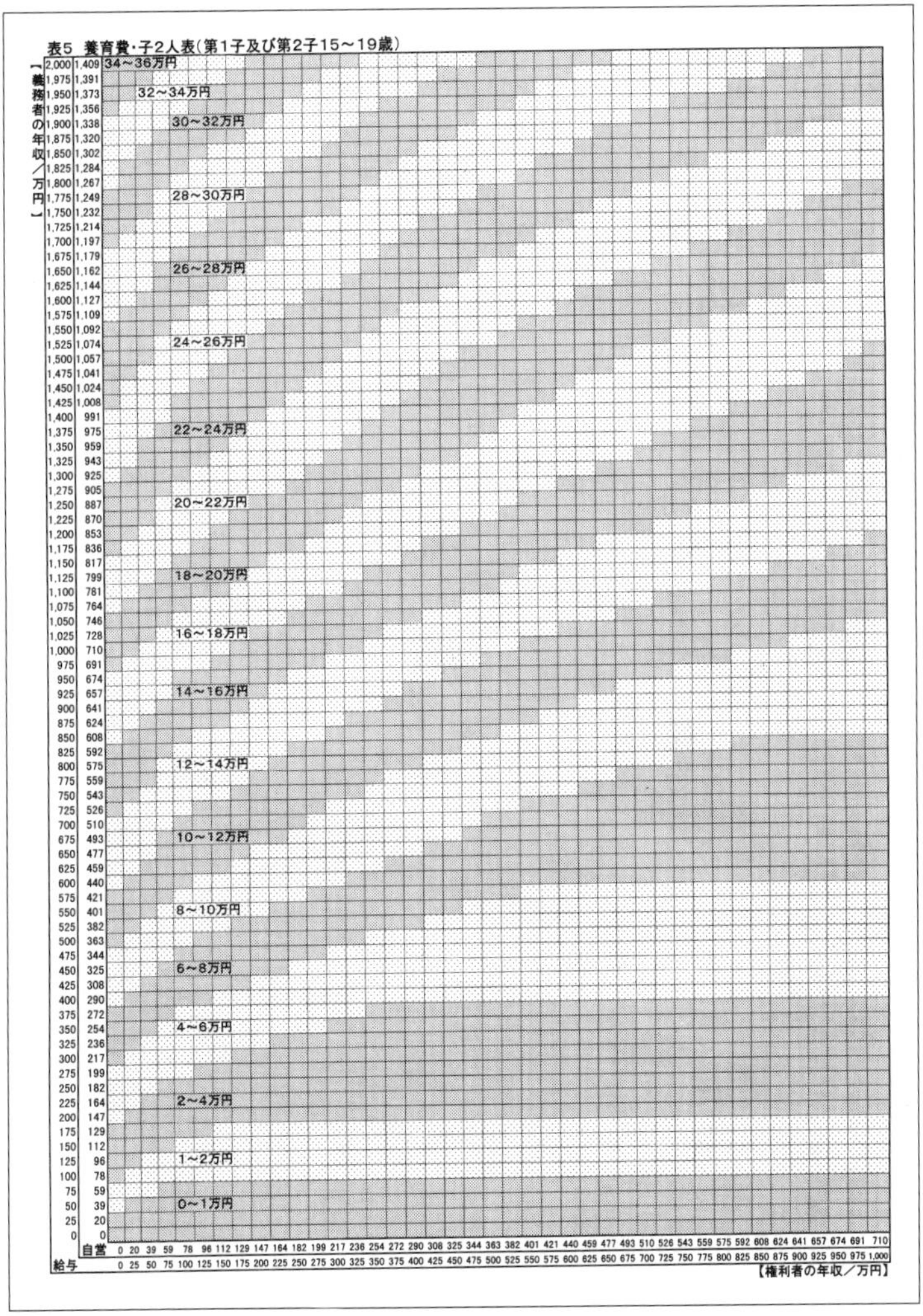

◆婚姻費用の算定表・子1人（子0〜14歳）のケース◆

表11　婚姻費用・子1人表（子0〜14歳）

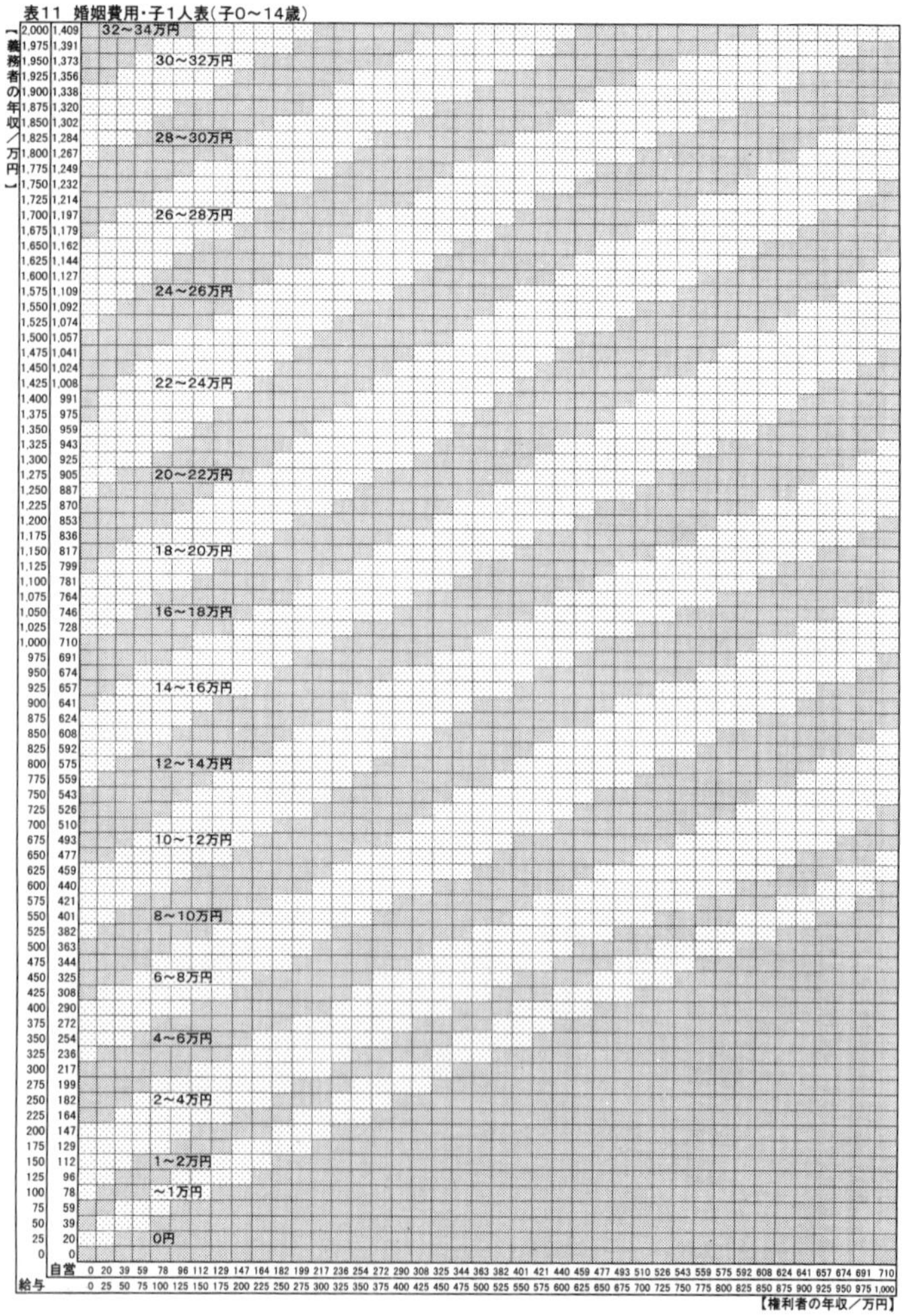

◆婚姻費用の算定表・子1人（子15～19歳）のケース◆

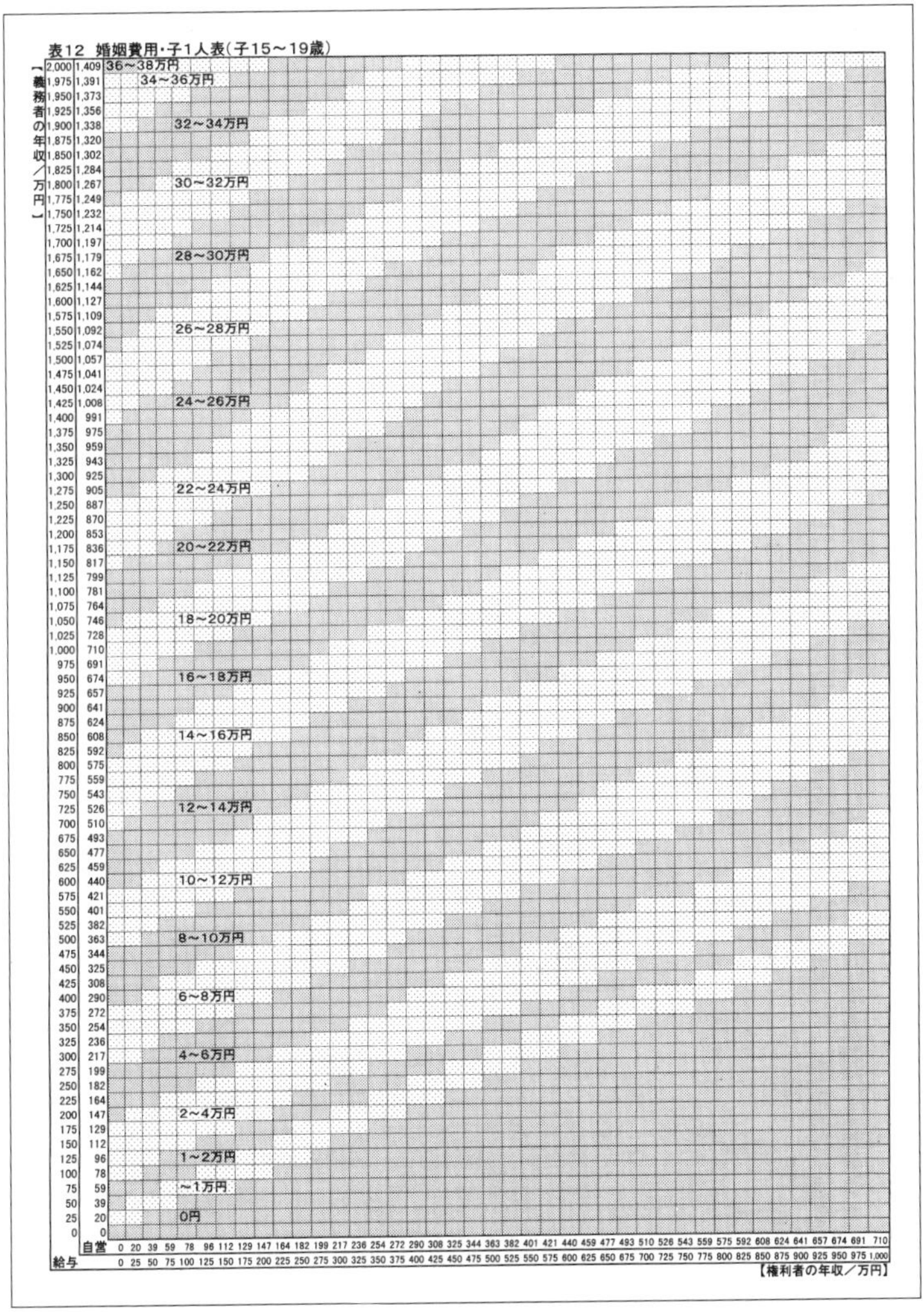

◆婚姻費用の算定表・子2人（第1子及び第2子0～14歳）のケース◆

表13 婚姻費用・子2人表(第1子及び第2子0～14歳)

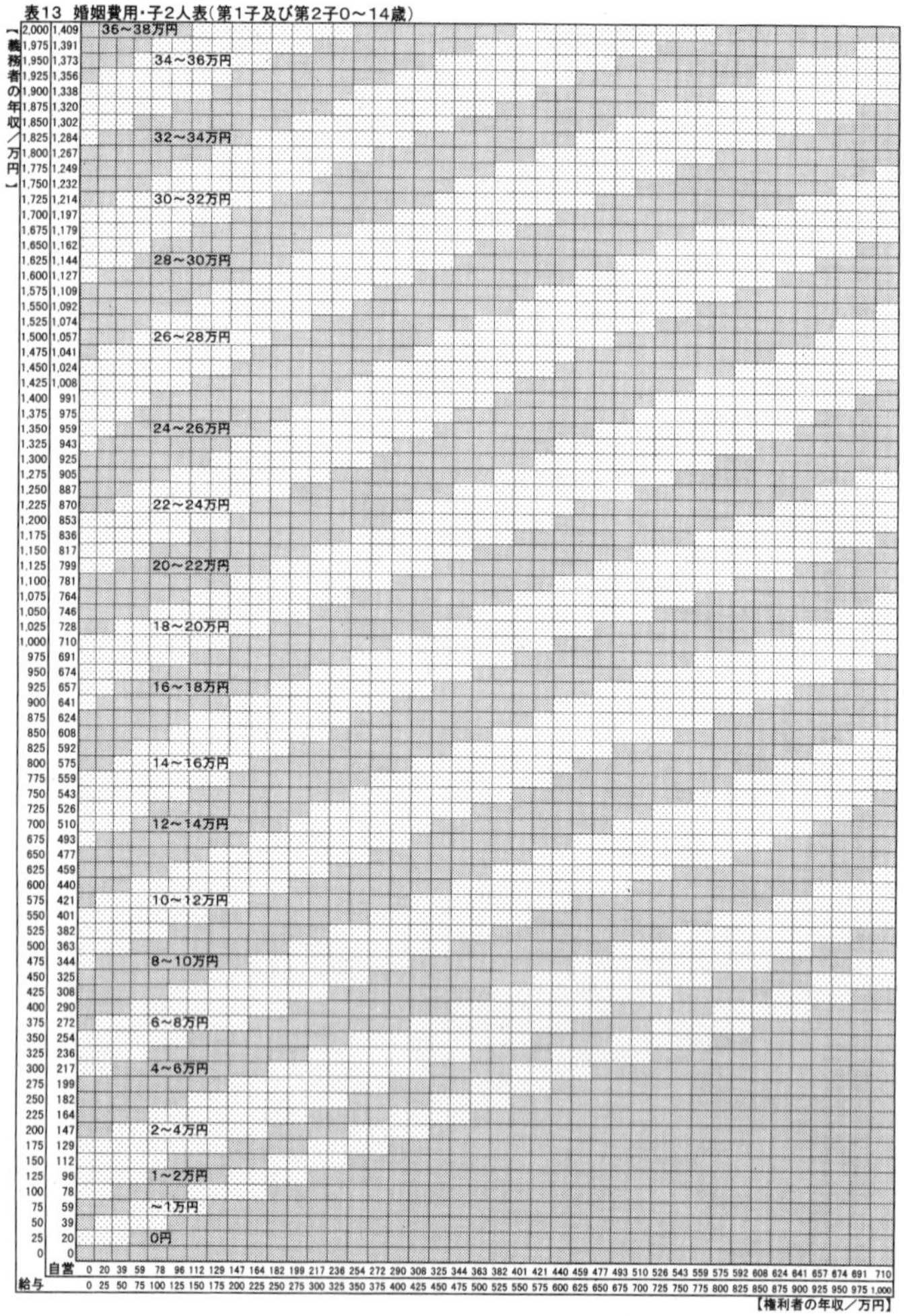

◆婚姻費用の算定表・子2人（第1子15～19歳、第2子0～14歳）のケース◆

表14 婚姻費用・子2人表(第1子15～19歳, 第2子0～14歳)

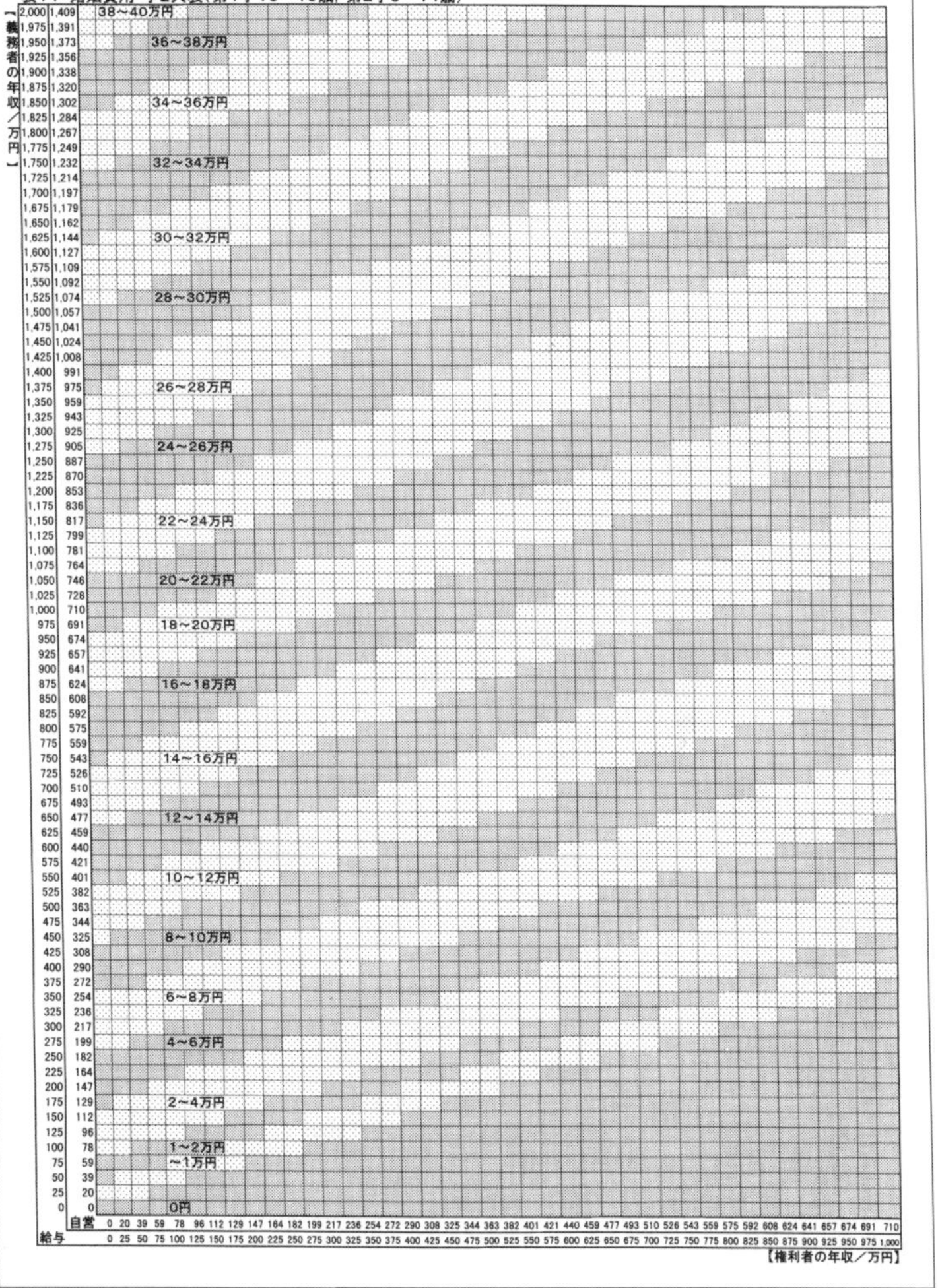

◆婚姻費用の算定表・子2人（第1子及び第2子15〜19歳）のケース◆

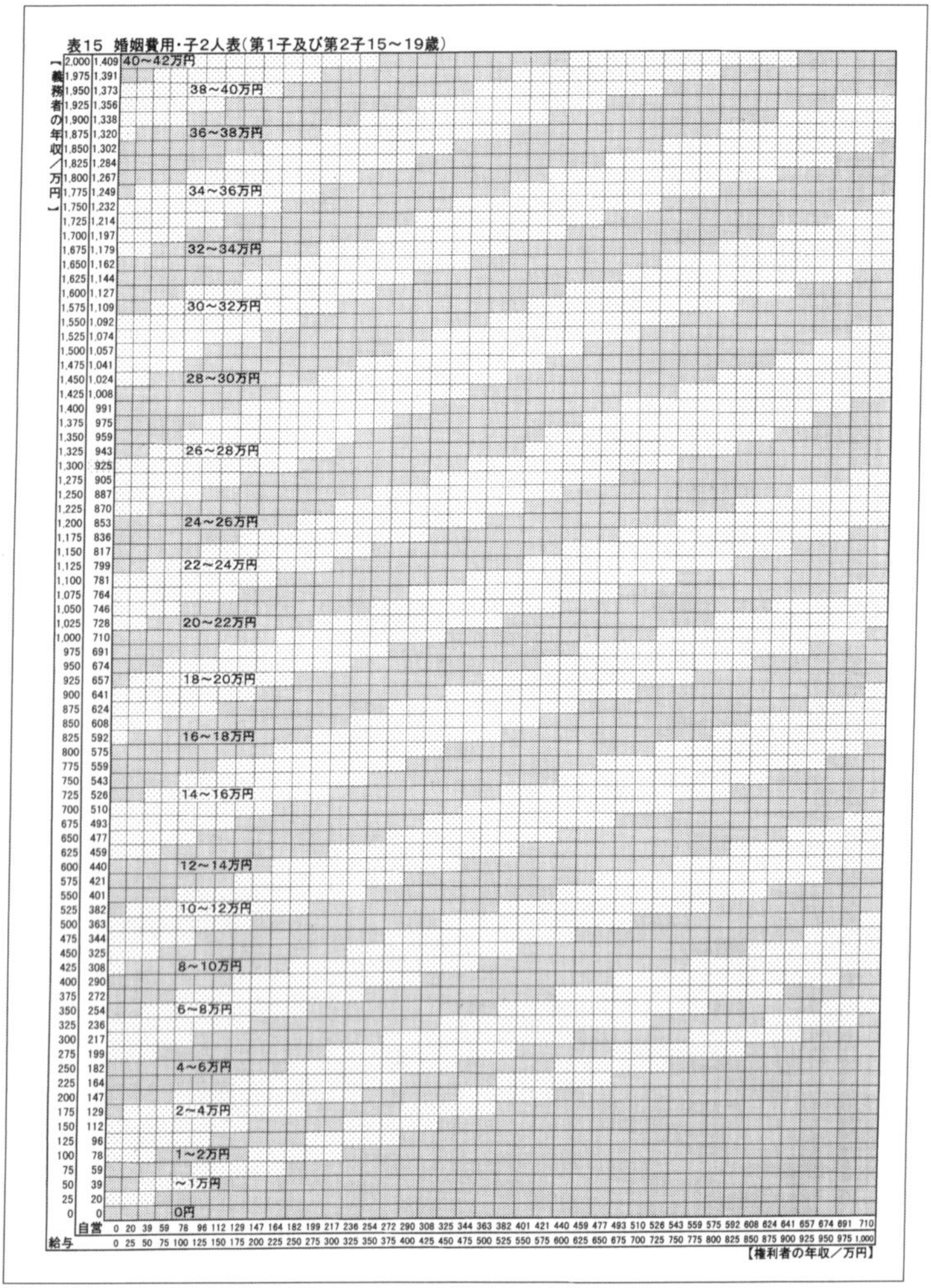

日本弁護士連合会（日弁連）による養育費・婚姻費用の新しい算定方式・算定表について

ここまで掲載した算定表は、2003年に東京・大阪養育費等研究会が提案した簡易算定方式・簡易算定表で、広く利用されています。

これに対して日本弁護士連合会は、2012年3月に新しい算定方式・算定表を作成しています。こちらも参考にしてください。

日本弁護士連合会のHP（https://www.nichibenren.or.jp/）で、「養育費」と検索してみてください。以下のQRコードからもアクセスできます。

◎本書の監修者・執筆者略歴（五十音順）

打越さく良（うちこし　さくら）…法律面について監修

1968年生まれ。弁護士。第二東京弁護士会所属。DV被害者の離婚事件など家事事件に積極的に取り組む。日弁連両性の平等委員会委員、同家事法制委員会委員。『改訂Q&A DV事件の実務―相談から保護命令・離婚事件まで』（日本加除出版）、『レンアイ、基本のキ―好きになったらなんでもOK?』（岩波ジュニア新書）、『なぜ妻は突然、離婚を切り出すのか』（祥伝社新書）など著書多数。

大塚玲子（おおつか　れいこ）…企画・一部執筆等

編集者、ライター。いろんな形の家族、PTAや学校問題を主なテーマとする。著書に『オトナ婚です、わたしたち』『PTAをけっこうラクにたのしくする本』（以上、太郎次郎社エディタス）ほか、共著に『子どもの人権をまもるために』（晶文社）、『ブラック校則』（東洋館出版社）等がある。

豊田眞弓（とよだ　まゆみ）…148～152ページ執筆

ファイナンシャルプランナー、FPラウンジ代表。小田原短期大学非常勤講師。マネー誌ライター等を経て、94年より独立系FP。個人相談や企業研修、執筆、記事監修等で活動中。半年かけて家計を見直す「家計ブートキャンプ」では家計の再生をサポート。『50代☆家計見直し術』（実務教育出版）、『離婚を考えたときにまず読む本』（日本経済新聞出版社）など著書多数。座右の銘は「今日も未来もハッピーに」。趣味は講談、ウクレレ。

森田直子（もりた　なおこ）…153～157ページ執筆

保険ジャーナリスト。保険・金融分野専門の執筆家。2人の子を育てるシングルマザー。保険ムック本、業界誌、経済紙、保険会社WEBサイト、大手保険代理店WEBサイトなどでの執筆多数。共著書に『あなたの保険は大丈夫？』（ダイヤモンド社）、『就業不能リスクとＧＬＴＤ』（保険毎日新聞社）等がある。

新川てるえ（しんかわ　てるえ）
作家・家庭問題カウンセラー・NPO法人M-STEP理事長。1964年東京生まれ。千葉県柏市育ち。10代でアイドルグループのメンバーとして芸能界にデビュー。1997年12月にインターネット上でシングルマザーのための情報サイト「母子家庭共和国」を主宰。三度の結婚、離婚、再婚の経験を生かしシングルマザーコメンテーター・家族問題カウンセラーとして雑誌、テレビなどに多数出演。2014年シングルマザーとステップファミリーを支援するNPO法人M-STEPを設立。ひとり親家庭と子連れ再婚家族の支援に取り組んでいる。著書は『シングルマザー生活便利帳』『日本の子連れ再婚家庭』（以上、太郎次郎社エディタス）など全25冊。

新版《しんぱん》　子連《こづ》れ離婚《りこん》を考《かんが》えたときに読《よ》む本《ほん》

2006年12月25日　初 版 発 行
2018年９月20日　最新２版発行

著　者　新川てるえ
発行者　吉田啓二

発行所　株式会社日本実業出版社　東京都新宿区市谷本村町３−29 〒162-0845
大阪市北区西天満６−８−１ 〒530-0047

編集部　☎03-3268-5651
営業部　☎03-3268-5161　振　替　00170−1−25349
https://www.njg.co.jp/

印刷／理想社　　製本／共栄社

この本の内容についてのお問合せは、書面かFAX（03−3268−0832）にてお願い致します。
落丁・乱丁本は、送料小社負担にて、お取り替え致します。

ISBN 978-4-534-05625-2 Printed in JAPAN